人物教育読本

人間学教室

横山成人　著

【人物になるための原則と手順】

Bandaiho Shobo

はじめに…

この本は、人間力をどのように高めるのか、人間学をどのように学ぶのかについて書いたものです。

恥ずかしい気持ちもありますが、しかし浅学菲才《せんがくひさい》、心身不健康だった私が人間学をどのように学んだのか、躓いたところはどこなのか、私がどのように自分の間違いに気がついたのか、その経緯を明らかにすることで、これから人間学を学ぼうとする若者達、もしくは人物の育成をする指導者の参考になるのではないかと思います。

私は十五年間、人間学を学んできました。初めて出会った人間学の本は、経営の神様といわれた松下幸之助さんの『指導者の条件』でした。確か二十六才の頃だったと思います。松下幸之助さんの本は、ほとんど読みました。私は、あまりにも松下幸之助さんに傾倒しすぎて夢に出てくるようになりました。

「読書」は面白いですね。本が本を紹介していきます。松下さんの本の所々で『論語』や『仏教』の教えが書いてあるわけです。『論語』から『大学』や『中庸』を知って、次々と拡がっていきました。

そうすると、人間学の第一人者である※一安岡正篤先生や※二中村天風先生、※三森信三先生といった昭和の碩学とも出会います。上記三名のうち私は安岡先生に傾倒しました。安岡正篤先生の本は、非常に難解です。最初のうちは意味もわからず歯が立ちません。忙しい仕事の合間に中国古典の入門書を読み、知識を増やすことで、基礎力がついてきまして、三十二歳にして安岡正篤先生の『いかに生くべきか（東洋倫理概論）』を読破することができました。これは、人間学を学ぶにあたり、非常に大きな自信になりました。

安岡先生の著書は難しすぎて、意味をぜんぜん理解できていませんが…

しかし、それが自信になり、その後、貪るように安岡正篤先生をはじめ、多くの人間学の本を読むようになりました。

一　一八九八年～一九八三年。戦前戦後に活躍した東洋思想の大家。昭和の名宰相とされる佐藤栄作首相から、中曽根康弘首相に至るまで、昭和歴代首相の指南役を務め、さらには三菱グループ、東京電力、住友グループ、近鉄グループ等々、昭和を代表する多くの財界人に師と仰がれた。『いかに生くべきか（東洋倫理概論）』『東洋政治哲学』『王道の研究』『日本精神の研究』が安岡教学の四部作。

二　一八七六年～一九六八年。彼の哲学は、「天風哲学」といって戦前戦後の政財界に多くの弟子を持つ。人間に本来的に与えられた命の力発揮し、幸福で価値高い人生を堂々と歩むための方法論として「心身統一法」がある。

三　一八九六年～一九九二年。『修身教授録』などの著作で知られる国民教育の師父。

しかし、ここで私は大きな間違いを犯します。ダニング＝クルーガー効果というのですが、知識のない人間が学ぶことで自分を過大評価してしまうという認知バイアスに陥ってしまっていました。

私は、人間学を学んでいる。自分はすごいのではないか。人間力が高いのだぞという傲慢さが出てきたのです。

こんな間違いを犯した私です。転げ落ちるように苦難に陥りました。その当時、会社を起業したのですが、人間力のなさが原因となって廃業したのです。

苦しい時は、感謝を失っています。簡単に、死にたいとも思いました。人間学を学びながら、関わる人への仁義を欠き、人が離れていく経験をしました。世の中のためになるという大層な志を立てながら、苦しい状況になったら簡単に投げ出しました。つまり、私は本物ではなかったのです。

すべてを失い、私はゼロから再スタートします。生活を立てなおすためにアルバイトからやりなおしました。三十六歳の頃です。

そこでは様々な状況の人と出会いました。それまでの私は限られた人としか付き合ってきませんでしたが、精神を病んでいる人、お金に困っている人、家族の不和で苦しんでいる人などです。いろいろな人と会うことで、自分がいかに恵まれていて、間違っていたのかに気がつくことができました。
この時期に、師匠である倫理研究所の法人スーパーバイザー※四工藤直彦先生とご縁をいただきました。その後、指導をしていただき、人間としてのあるべき姿を学んでいき、少しずつ人生を好転させることができたのです。
私は、自分の中に、傲慢な心があることに気がつきました。自分を厳しく見つめるというのは、言うはやすしです。自分の心を見つめたふりの内省《ないせい》をしていたと分かったのです。自分をだめだと認めることが出来てはじめてスタートラインに立てました。そこからです。諦めていた人間学への想いが、心のそこから湧いてきて、本心からの志になってきました。この頃になって初めて、自分の経験と実践を通して人間学を学べるようになってきたのです。
この本は、私のような生き方に問題のあった者が、「いかに人間力を高めるのか」を研究した実践の記録になります。
参考としたものは、中国古典や日本の古典、安岡正篤先生、安岡先生を深く学ばれた

四 アーティスティックコミュニティ代表。一九六四年。『ビジネス訳 論語 人を動かし、人を活かす100の言葉』安岡活学塾共著。

れている※五下村澄先生、※六伊藤肇先生、ＳＢＩホールディングス※七北尾吉孝社長、倫理法人会の工藤直彦先生からは純粋倫理、※八芳村思風先生の※九感性論哲学、最後に公私にお世話になっている日本経営道協会の千二百行者※一〇市川覚峯先生の教えを自分なりにまとめて執筆致しました。

諸君は一つ四十になったら、必ず一冊の本を書く覚悟を、今日からしておいて戴きたいのです。

森信三先生の『修身教授録』第二部五講「一つの目標」の中にある一節です。私

五　一九二九～二〇〇九年。安岡正篤先生の弟子の一人。安岡教学を解説する多くの著書がある。

六　一九二六年～一九八〇年。安岡正篤先生の弟子の一人。『現代の帝王学』をはじめ、帝王学に関する多くの著書がある。

七　一九五一年～。日本の実業家、ＳＢＩホールディングス代表取締役社長ＣＥＯ。「中国古典」や「人間学」に関する多くの著書がある。

八　一九四二年～。日本の哲学者。「感性論哲学」の提唱者。

九　「感性論哲学」は、「感性」を原理にした新しいこれからの時代の哲学です。哲学者　芳村思風が三十数年前から提唱している。

一〇　一九四七年～。日本経営道協会代表。千二百行者。

は四十二歳になります。四十歳には間に合いませんでしたが、人生の中間目標として、この本を執筆しました。
私の人生に関わり、私に学びを与えてくれた全ての人に感謝を込めて、この本を捧げます。

令和二年一月

横山　成人

第二版出版にあたって…

本書は、令和二年に猛威をふるった新型コロナウィルスの国を挙げての自粛期間、令和二年四月〜五月の二ヶ月間を使い執筆したものです。これが、私の人生に大きな転機をもたらしました。時期を同じくして、浅草※一寿仙院の崎津寛光住職とご縁を頂き、寺子屋「人間学」講座を開催するに至りました。この講座の教科書として自費出版をしました。

令和二年十二月より毎月一回開催する本講座も二十回を超えた頃に、「人間学」を学ぶ何名かの同志により、四十代で本書を書いたことに驚いた、堂々と世に出すべきとお褒めの言葉を頂き、本書を正式に出版する決心をすることが出来ました。

浅草寿仙院で、私が主催する寺子屋「人間学」講座は、多くの参加者と協力者のご尽力もあって、他にはない内容の勉強会になりました。本書の内容である人生をいかに生きるのかの命題を大いに議論するのです。自分の生き方、さらに社会問題や社会が停滞する原因が何なのかについて、陰陽相対理論を使って皆で考えるので

一　東京都台東区にある日蓮宗の寺院。慶長8年（一六〇三）に創建。

す。何が問題の本質なのか、時代はどのような方向に向かっているのか、私たちはどのように考えて社会を良くするアクションをするべきか、大上段から人の道を説くのではなく、参加者と共に考える勉強会を開くことで、私自身に、難しいとされる人間学を平易に話せる力を身に付けることが出来ました。

第二版を出版するにあたり、第一章「目に見えない要因こそ本質」と第五章「見えない世界を利用する」を加筆修正させて頂きました。そして新しく第六章として、寿仙院で開催する寺子屋の講義録の一部を掲載し補足としました。「陰陽相対理論」を使って社会問題の根本原因を探る「人物が現代でいかなる志を立て行動するべきか」の議論を掲載することで、初版に欠けていた具体的な方向性の穴を埋めることが出来ました。

私に寺子屋を主催する機会を下さった寿仙院の崎津住職は、先の大戦の南方戦線で亡くなられた戦没者の遺骨の収集活動をしている国士の僧侶です。寿仙院には英霊の碑があり、英霊の想い・志が充満し、私の心と一体化しました。浅学非才、弱々しかった私に勇気を与え、人間学を志としてくれました。本第二版を、私に力を授けてくださった英霊に捧げます。

令和五年二月

横山　成人

もくじ

第二章　人物に成るための条件

第六章　現代の難問に立ち向かう

第一章　人間学の学び方

1　人間力を高めることが成功への近道

人間学は人生を面白くする

こんにちは。

これから皆さんと一緒に勉強をしていくわけです。

しかもテーマは「人間学」や「人物」といったもので、なかなか聞きなれないものでありまして、何それ？　難しそうというイメージが先行してしまうかもしれません。

あまり気負わずに「人生を面白くする」ためのヒントがあるのだと思って、身構えずに参加して欲しいと思います。

皆さんの中でロールプレイングゲームをやったことがある人はいますか。

私も最近はできてないですが、昔はよく遊びました。面白いですよね。学生時代は熱中して徹夜でやっていました。

なぜロールプレイングゲームが面白いのかというと、「目的」があるからです。例えば、世界を滅ぼそうとしている大魔王がいて、自分が勇者になってやっつけにいくというものです。自分を強く成長させながら冒険し、困難を乗り越えて、最終的に悪の大魔王を倒して世界の平和を実現させるわけです。ゲームをクリアするとものすごく達成感がありますよね。

ところで、皆さん、今の人生は面白いですか？

小学生とか中学生くらいの時にやったゲームと同じくらい、毎日がワクワクしています。という人がいたら本当に凄いです。そういう人がいたら是非その人から秘訣を聞いてみたいと思いますよね。

今からはじまる講座は、人生をそういうロールプレイングゲームのようにワクワクさせるためにどうしたら良いのかという勉強をします。

そして扱うテーマは、「人間学」です。

「人間学」というのは、『論語』などの中国古典、経営の神様といわれた松下幸之助さんの本などを勉強する学問です。これらの本の特徴は、「人生は、こんなふうに生きると良いよ」ということを教えてくれることです。

そういう本をわかりやすく、そしてとことん深掘りしていって、人生の役に立ってもらおうという講座になります。

是非、皆さんにも人間学の本を手に取って欲しいですね。

読んでみると…まず何よりも心地よさを感じると思います。自分の心に風が吹いて何かが芽生えるのを感じます。

音楽や名画を鑑賞すると心が奪われるように、自分の心が動き出します。

そんな風に心に良いものに触れていくのが、人間学です。真剣になって継続すれば、人間としての力がついてきます。ものすごく仕事や人生に役立ちます。

自分にとっての本当の幸せと成功をもたらしてくれるものですから、ここは食わず嫌いで避けるのではなく、前向きに取り組んでみてください。皆さんの運命を変える扉を用意しました。

目に見えない要因こそ本質

さて、人間学を学び始めるにあたり、まず初めにこれだけは絶対に押さえておくべきということが二つあります。一つ目は、「目に見えないものが本質であること」

です。もう一つは「陰陽相対理論」というものになります。

目に見えないものが本質って、どういうこと？　と思われるかもしれませんね。しかし、実はこれこそが、この宇宙・自然・人間など、あらゆるものに当てはまる宇宙の法則なのです。

私達の多くは、仕事を持っていて働いているわけですが、例えば、企業活動を見ていても、そのことはわかるものです。観る目があれば、目に見える成果は、目に見えない要素によって作られているのは一目瞭然ですね。

例えば、売り上げを作ることばかりに躍起になっている会社より、経営理念やパーパス（企業の存在意義・目的）を作り、従業員の教育に力を入れるような「目に見えないものの価値」に力を入れる会社の方が優良企業であるばかりでなく、高い成果を出しているものです。

さらにいうと、会社全体で様々な地域活動に参加し、ボランティアを行うような会社もあります。こういう会社の経営者は、そうした目に見えないものの与える影響や価値を知っているわけです。優秀な経営者ですね。

地域社会と関わり、その地域に住む人々の生活に関わり、その幸福に寄与する事業や活動を行います。その地域に、その会社がなくてはならない存在になります。本当の利益や本当の成功は、そういう「目に見えないところ」を大切にすることで手に入れることができるのです。

「目に見えないものが本質である」ということを考えると、実は、私たちの住む現実世界は、本質なのかという疑問が湧いてきます。皆さんはそんな想像をしたことはありますか？

もしかすると目に見えない別の世界があって、その見えない世界の写し影が、私たちは生きる現実世界の姿かもしれません。目に見えない世界に、この世界の大いなる法則があるのですが、現実世界に生きる私達は、その一端しか、少ししか観ることができないわけですね。

現実世界から観ようとしても、隠れていて認識できませんが、はっきりと認識ができないにも関わらず、それらを本質と考えるところに、人間学と他の学問の違いがあります。

目に見えるものだけの存在を認識して対処するのが一般的な現代人ですね。

目に見えない何かが、目に見える世界に与える影響を考慮するのが、人間学を学んだ人の新しい視点です。

注意を促しますが、目に見えないもの、つまり、天や神といった、大いなるものの存在を盲信することではありませんからね。

人生で成功や幸福を掴みたいと思ったら、本質的な目に見えない要因をしっかりと整えない限り、それらは逃げていくという話です。

目に見えない要因の影響を考えることが大切ですね。

はなから信じないという態度ではなく、天や神の影響も考えてみると、結果的に自分の生き方が変わりますよ。

陰陽相対理論

もう一つは、東洋思想の根本理論、この宇宙を作っている大元の法則と言えるものです。「おいおい話が飛躍しているぞ！」　とは思わないでください。

実は、これがわかると世界を観る力が、一段も二段も高まってしまうという凄い効果があります。

では、その宇宙の法則とは何かというと、「陰陽理論」というものです。専門用語では、「陰陽相対理論」といいます。東洋の学問体系は、この陰陽相対理論が根底にあり、これを理解してから学ぶと理解がしやすいのです。

陰陽相対理論とは、この世界にあるすべての物事は、「陰」と「陽」の二つの要素から成り立っているとする理論です。

実際に存在する物質から人間の頭で考えた概念まで、すべての物事に当てはまります。私は学者ではありませんので、例外があるのかどうかわかりませんが、私が知る限り、この世界にある「物質」「概念」「働き」等のすべてが、「陰」と「陽」の二つで構成されていると思います。これを「一極二元」といいます。

例えば、人間であれば、「女」と「男」というように「一対の関係」になるわけです。

同じように、「肉体」と「精神」、「アルカリ性」と「酸性」、「裏」と「表」、「下」と「上」、「受動」と「能動」、「求心」と「遠心」、「マイナス」と「プラス」、「悪」と「正義」など、概念的なものも含め、動きや働きなど、あらゆるものが、一対の関係になっていることがわかります。

陰陽相対理論では、「陰」と「陽」の二者に、上下の優劣はありません。同価値であり同格です。人間の男女の関係がそうであるように、どちらかの性が偉いということはありません。

そして「陰」と「陽」の二者は、対立（敵対）している関係ではなく、「有機的に統合される関係」にあるということです。「この陰と陽のバランスを取ったら上手くいくよ」という話なのです。

この「陰」と「陽」のバランスを、どのようにとっていくのかが、東洋思想の問題解決や価値創造の方法論になります。陰陽のバランスが取れて、二者が上手に「調和」すると、「生成発展(生成化育)」するといいます。夫婦仲が良い家庭の様ですね。男女が和合すると、生みいだしが起きるわけです。

この法則は、人間にも社会にも自然界にも当てはまっているのです。つまり「陰」と「陽」を合一・統合すれば、物事が上手くいくよと覚えてください。夫婦が仲良くすれば、子供も健全に育つ、仕事も上手くいく、という事ですね！

さらに詳しく説明をすると、この「陰」と「陽」の二者において、どちらが本質的なのかというと、「陰」が本質であり、「陽」が末節の関係になるのが特徴です。「陰」に該当するものが、本質的だと考えると分かりやすいです。

先ほど見えないものが本質と述べましたが、見えないものの多くが「陰」に該当するわけです。

樹木に例えると、根っこは、「陰」になります。枝葉は、「陽」です。

樹木にとっては、根も、幹も、枝葉もすべては大切なパーツでありますが、仮に傷んで枯れそうな樹木を養おうとする場合は、専門家は、根や幹を優先して養うようにするそうです。不必要な枝葉は切り取ることもありますが、弱ったからといって根を切り捨てるということは聞きません。

「陰」である「本質」を優先することが「原理原則」だということです。皆さん、これはものごとを上手くいかせるためのシンプルですが、究極の方法です。

中国古典の『大学』という本の中に次の一節があります。

「物に本末あり、事に終始あり、前後するところを知れば道に近し」です。意味は、「物事には、本質と末節があり、優先するべきこととしないことがある、その順序を間違えなければ、原理原則から外れることは少ない」という意味です。これは、陰陽の関係性を指し示しているのです。

陰の特徴は、女性的、静的、物質、全体、消極、受動、柔軟、包容、求心などになります。

陽の特徴は、男性的、動的、非物質、個体、積極、能動、剛直、分化、遠心などとなります。陰的なものと、陽的なものがわかってくると、パッとみて何が、本質なのかと分かるというわけです。

これをビジネスマンに例えると、仕事をやり遂げるためのスキルや能力は、「陽」になります。仲間との人間関係やお客さんへの心配りをする人間性や徳は、「陰」ということになります。人間性や徳は、目に見えることはありませんが、そこに本質があるということです。

この二つは、別々のものではなく「有機的」に一体であることが最大のポイントです。

「有機的」とは、人間の体の機能である胃や腸や心臓が、生命を維持させるために、相互に絡み合いながら一体になっている様なものと捉えるとわかりやすいです。

バラバラに存在しているのではなく、二つで一つと考えるのが特徴です。

この陰陽相対理論は、明治時代くらいまでの日本では、国民の多くが感覚でわかっている常識でした。

現在は、社会に出ても役に立つ知識ではないため、教える人も学ぶ人もいなくなり、知る人が少なくなってしまいました。現代人が、東洋哲学を理解する一つの壁になっていると感じています。

私の場合、十五年以上の月日が経って、陰陽の法則について個別に調べて学んだことがきっかけです。偶然、学んだ陰陽相対理論のおかげで、人間学を理解することが出来るようになりました。

人間学を学ぶにあたって、この陰陽相対理論の一端でも知っておくと、理解しやすくなっていることに気が付くはずです。私の講座の特徴ですね。

図１ 目に見えないものが本質（第1章-1）

目に見えないもの（本質）を優先する

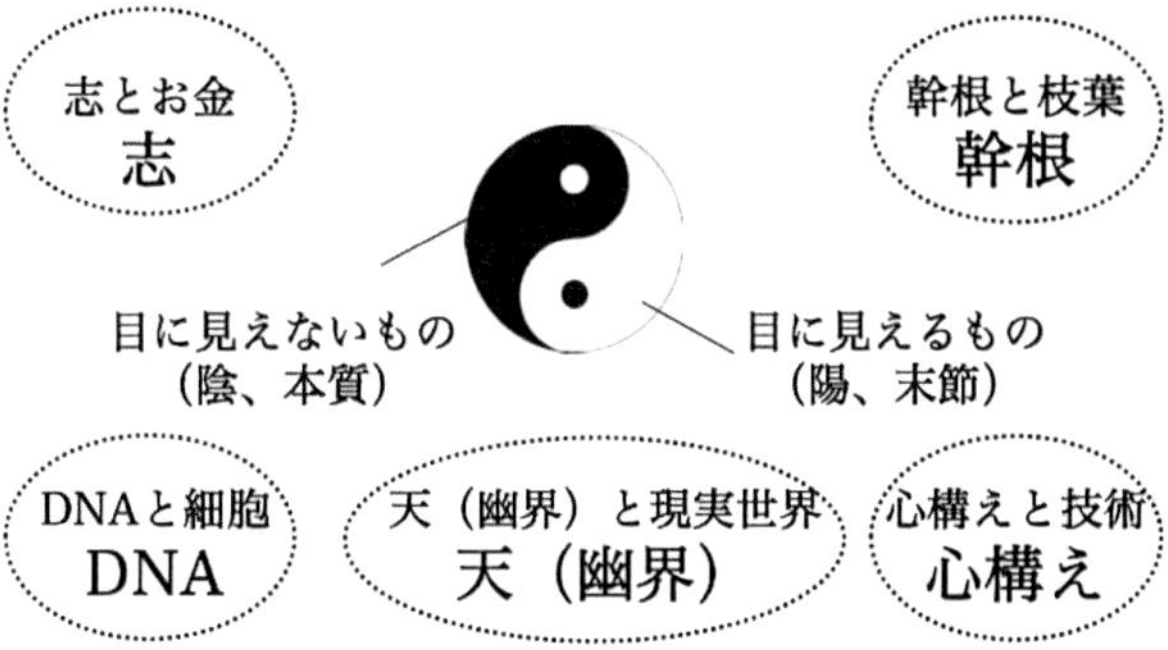

図２ 陰陽相対理論－１ （第1章-1）

【陰】	【陽】
女性、裏、不況、消極 受動、求心、柔軟、包容、 本質、植物、物質 etc	男性、表、好況、積極 能動、遠心、剛直、分化、 末節、動物、非物質etc

陰の性質：
陰は、物質的で、固まるエネルギーであり、ゆっくりしていて、冷たいといった性質があります。感情、印象、感覚などに関わります。陰は外のものを受け入れる受容の性質があります。観察し、許容し、適応するのが陰です。

陽の性質：
陽の性質は、非物質的で、動きのあるエネルギーで、速く、温かいといった性質があります。陽は意識にあがってくる、思考、分析、論理などに関わります。そして、自分を表現するのが陽の性質です。的確に自分を表現し、目的を明確にできます。

図３ 陰陽相対理論－２ (第1章-1)

陰と陽は、同格であり同価値
その二つが、有機的に統合されると生成発展につながる

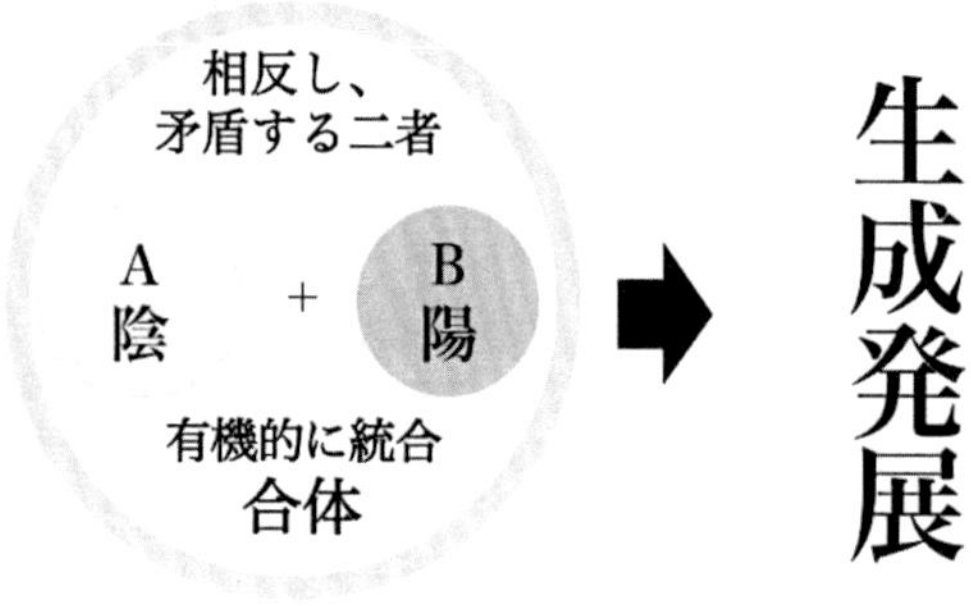

図４ 陰陽相対理論－３ (第1章-1)

陰陽は、あらゆる物事の根源 (一極二元)
すべてのものは、陰陽の二つに分解することができる
(段差分解を繰り返していく)

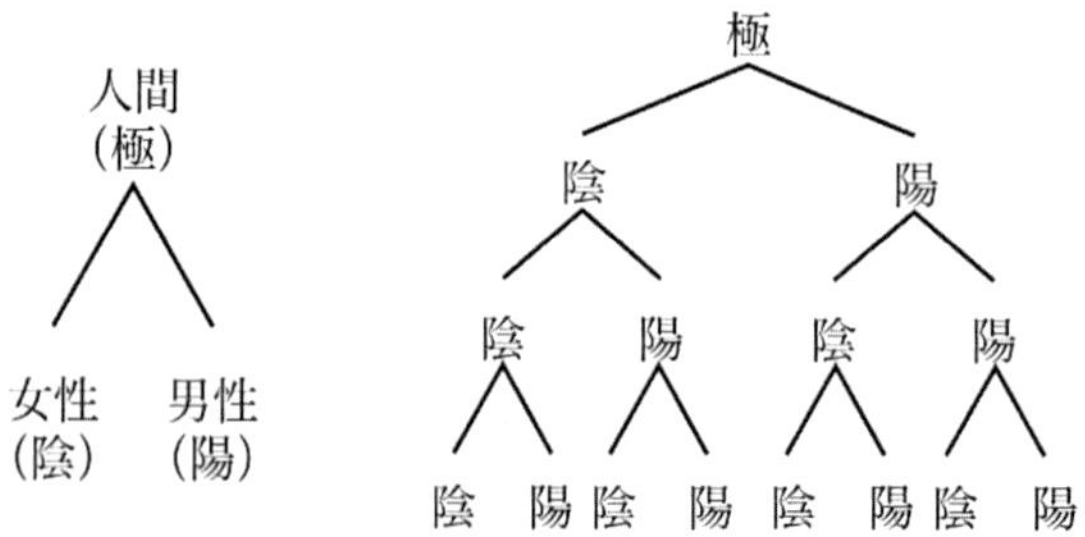

人生は成功するようにできている

人生は成功できるようにできている、できない方がおかしいといわれたら、皆さんはどのように感じますか？

普通の感覚なら、そんな簡単に成功などできるわけがないと思うかもしれません。しかしですね、経営の神様といわれた松下幸之助さんをはじめとする偉大な経営者の多くは、人生は成功するようにできている、事業は発展するようにできていると明言し、断定しているのです。

彼ら偉大な経営者のほとんどは、人間学のマスター級ですね。

松下幸之助さんは、宇宙の法則は、生成発展である、だから宇宙の法則に則れば、生成発展するともいっているのです。（松下幸之助さんは、自然の法則、天の理法と表現しています）。

私が、松下幸之助さんの著書をはじめて読んだとき、いたるところで、天地自然の法則というものに言及していて、なぜ経営者が、天や宇宙、自然のような超常的な存在について語るのか疑問でした。超常的な存在が、生成発展だから、事業は上手くいくと聞いても、そう考えるのが成功者なのかなと思うのがやっとでした。

人間学を学んでしばらくしてから、難解で有名な安岡正篤先生の本にチャレンジしていると、造化《ぞうか》の意志は、生成発展であるというふうに書いているのを見つけ、「はっ」と気がつきました。「松下幸之助さんの言っていた生成発展はこれのことだ」と理解ができたのです。五年や十年の時間をかけて、知識と知識が繋がるとはこういうことですね。

造化というのは、この世界を作った造物主のことです。天の神様のことですね。造化の意志とは、この世界を構成する法則のことです。そしてこの世界を構成する法則はというと、先にお話しした陰陽相対理論になります。まさに、自然の摂理そのものですね。

つまり、「陰陽」≒「自然の法則」≒「生成発展」≒「造物主の意志（神）」なのだと理解できたのです。このように知識が繋がることで、「なるほど、この世界は生成発展なのか」と、松下幸之助さんの言っていたことが理解できるようになってきたのです。

皆さんなら、松下幸之助さんの著書を読んで、すぐに理解できるかもしれませんね。私は十五年間をかけて、はっきりと理解することができました。

このような気付きを得たことがきっかけで、松下幸之助さんがいう「天地自然の法則」が、陰陽の法則とも合致していて、あらゆる物事のバランスを整えることで、必ず生成発展するように世界ができていると理解できました。この気付きを得たおかげで、私は、陰陽相対理論を本格的に研究することになります。

私のように容易に理解できないものを理解しようとするような努力をしていると、ふとしたことで知識が繋がって、ハッと閃くことがあるものです。

この世界を、陰陽で捉えたら、動きの激しい目に見える世界の裏側に目に見えない世界があって、支えているのではないかという仮説が見えてきます。目に見える世界を「顕界《けんかい》」といい、目えない世界を「幽界《ゆうかい》」といいます。「顕界」は「陽」であり、「幽界」は「陰」になります。「顕界」は、「宇宙の肉体」と、「幽界」は「宇宙の精神（魂）」と表現できるかもしれません。

陰陽理論の専門書などで詳しく学び、その特性がわかってくると、これらの関係がわかってきます。

現実世界である顕界（宇宙の肉体・実体）を、さらに陰と陽の二つに分解すると、「時間」と「空間」の二つになります。

もう一つ目に見えない世界である幽界（宇宙の精神）を、陰と陽の二つに分解すると、「心」と「意志」の二つになるのです。

ここでの陰は、感情や感性の世界です。右脳（左目）で捉え、空間的、調和的であり、情（感覚）で捉えます。これに対する陽は反対で、知性や理性の世界です。左脳（右目）で捉え、時間的、進歩発展的であり、理（理屈）で捉えます。人間の目は、右脳（左目）と左脳（右目）の両方を使い、物事の全体像を捉えることができます。

幽界（宇宙の精神世界）は、「意志」（陽）と「調和」（陰）に分解されると話しました。「陽」は進歩・発展的で、「陰」は、調和的といいましたね。進歩・発展的というのは、松下幸之助さんの言葉では、「生成発展」ですね。

このように考えると、私たちの世界の根底に存在する法則には、陰と陽の二つがあり、陽の法則は、「宇宙の意志」のことであり、「生成発展」であるといえます。そしてもう一つの陰の法則は、「宇宙の心」のことであり、「調和」といえます。

宇宙の心とは、なんでしょうか？　これについては京セラの創業者※一二稲盛和夫さんの教えが参考になります。

稲盛さんの本を読むと、この世には、すべてのものを進化発展させていく流れがあります。これは、宇宙の意志というべきものです。この宇宙の意志は、愛と誠と調和に満ち満ちています。そして私たち一人一人の思いが発するエネルギーと、この宇宙の意志とが同調するのか、反発しあうのかによってその人の運命が決まってきますと述べられています。

私は、「調和」と「生成発展」を一対の関係であると理解しています。

松下幸之助さんが述べられた宇宙の意志は生成発展である、稲盛和夫さんが述べられた宇宙の心は調和であること、この二者は、陰陽の関係であり、二つで一つのものです。

一二　一九三二年～二〇二二年。日本の実業家。京セラ・第二電電（現・ＫＤＤＩ）創業者。たぐいまれな経営手腕と哲学を通じ、産業界のみならず広く市井の人にまで感化を与えた日本を代表する経営者。

松下幸之助さんも稲盛和夫さんも、宇宙の意志といった超常的な世界に言及しているわけです。天や神や宇宙といったものが、生成発展であるから人間の為すことも「生成発展」であるというわけです。

なぜこのようなことが言えるのかというと、「天人合一説《てんじんごういつ》」というのですが、古代の中国の思想では、天（宇宙）と人間とは、繋がっているという考えがあります。人の行いは、天の意志が反映されているというわけですね。

天の存在は、私たち人間には認識できませんが、生成発展を実現する何かがあるという仮説を立てることができると思います。反対に、人の心の方も、天に通じているわけでありまして、人間が考えたことが、世の中の形を作っていくともいえます。

このように考えると成功法則は、生成発展しようとする宇宙の意志と、調和するような心が重要だということですね。調和は、場づくりや関係性を整えること（空間的）で、生成発展は、繰り返し行なっていくこと（時間的）といえますね。

生成発展は、「陽」の働きであり、調和は、「陰」の働きです。切っても切り離せません。

もし皆さんが、経済的な成功を手にいれるために、他人との関係、調和（陰）を犠牲にしてしまっているならば、生成発展（陽）を実現させることは難しいかもしれません。「陰」と「陽」は、有機的に結びつく関係だからです。

日本の偉大な経営者たちは、お客さん、会社の仲間、社会との調和を心がけて仕事をしてきました。これこそが成功にアプローチするための大きなヒントになりますね。

私たちは皆、幸せや成功を手に入れたいと考えています。そのために必要なことの本質が、調和なのです。そして、調和を実現する方法こそが、人間学を学ぶこと、人間力を身に付けることなのです。

人間力は、調和の力です。人間学は、人が人生で幸福になり成功するための近道であるとともに、社会に調和もたらすための正しい道でもあるのです。ですから、人間学に興味を持ち、学びはじめる人が増えることは幸福な社会を作るために大切なことだといえるわけです。

図5 陰陽相対理論－4 （第1章-1）

天人合一：宇宙と人間の構造は一致する
幽界 ＝ 宇宙の精神 → 心 意志
顕界 ＝ 宇宙の実態 → 空間 時間
心＝調和 意志＝生成発展

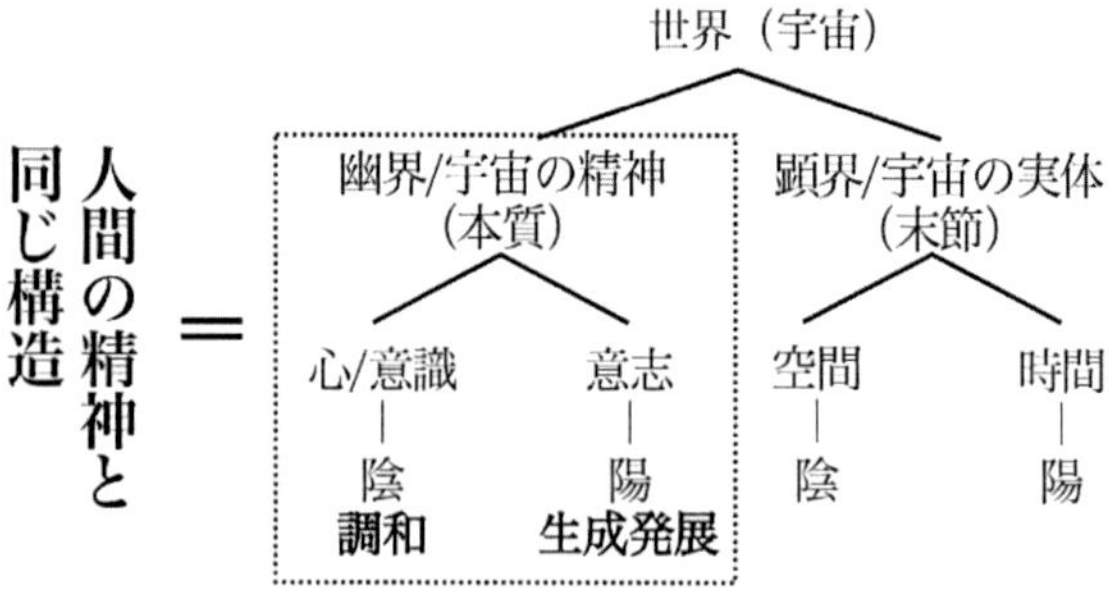

図6 陰陽相対理論－5 （第1章-1）

陰陽相対理論を使って、生成発展させる方法
陰と陽を有機的統合を段差分解に沿って行っていき
生成発展（活力化）を連鎖させていく

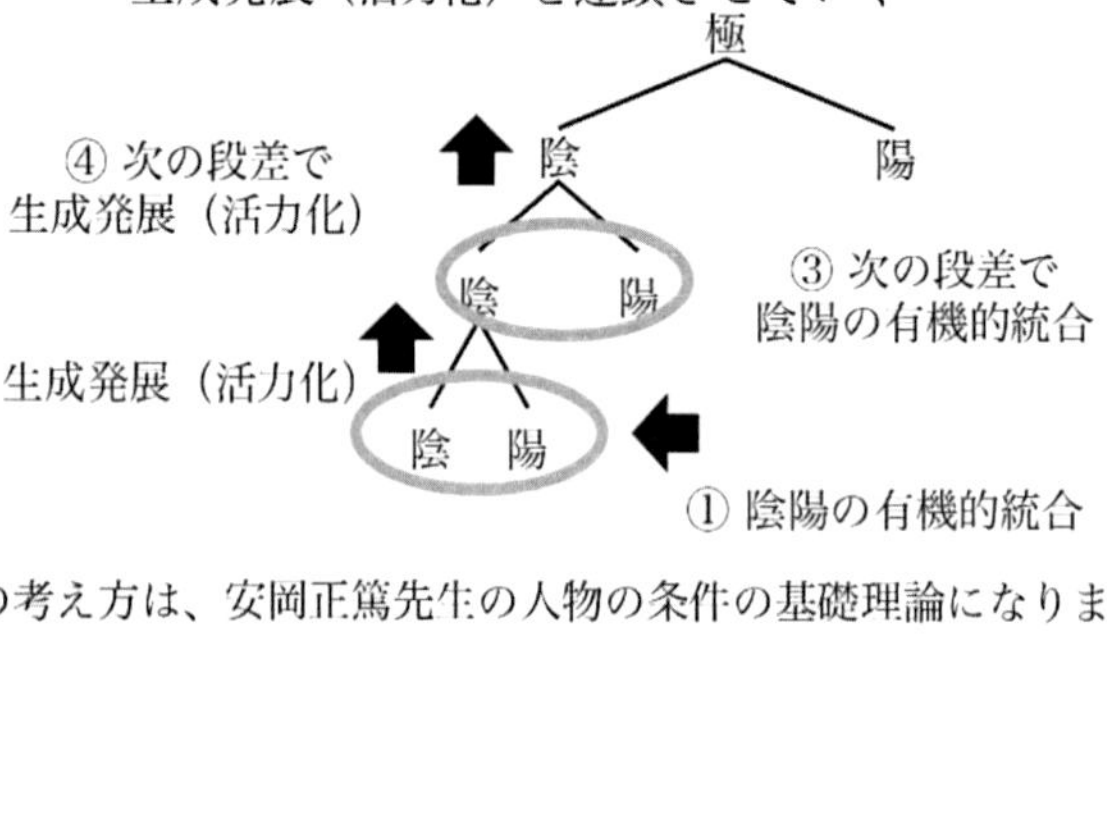

※この考え方は、安岡正篤先生の人物の条件の基礎理論になります

2　人間学とは何か

本筋の学問

これから皆さんが学びはじめる人間学の位置づけが、どういうものであるのか説明をしていきたいと思います。

皆さんは、自分の人生の中で、これだけは絶対に外せないという自分の中の命題、つまり生きる目的をもって、日々生活をしていますか？

人間学とは何であるかというと、一人一人の人間が持っている人生の命題、生きる目的を扱う学びになります。

今の日本人は、子供の時から教科書の知識をインプットするような教育を受けています。知識を習得しているかどうかをテストします。社会人になってから役に立つ知識を効率よく学ぶ、そんな大人を育てようとしています。

しかし、よくよく考えて欲しいのですが、そもそも学校教育で学ぶ知識とは、本質的でしょうか。私は、どちらかというとオマケだと思っています。

学問というのは、人生をよりよくするために行うべきですよね。そうじゃないのに勉強を頑張れますか？　私は頑張れません。

人生を良くしていくような本質的な学問を「本学《ほんがく》」といいます。仕事の知識や技能といった本来二の次であるべきものは「末学《まつがく》」といいます。

ビジネスの勉強の必要がないという訳ではありません。社会に出て仕事をするためには絶対的に必要です。しかし、もっと大切なことは、自分の人生を豊かにし幸せに生きるために役立つことではないでしょうか。

自分の人生を豊かに幸せにするためには、一人一人が持っている自分だけの人生のテーマに向きあわないといけません。それができなければ、惰性で生きているのと同じになってしまいます。

自分の人生を豊かにし、幸せになるためには、自分という存在の理解が絶対に不可欠です。

人間は、生まれついた性質も生まれてから興味を持つことも、それぞれまったく違うものです。

自分の性質や興味の方向性を知らなければ、人生の行き先もわからず、どうやって前に進むべきかわかりません。そんな状態では、幸せになれるはずがないではありませんか。目的のないロールプレイングゲームと一緒です。

そもそも人間にとっての幸せや成功とは何なのでしょうか？ その人によって、色々とあると思いますが、どんな人にも当てはまる定義を考えてみますと、それは、自分の才能や命のエネルギーを完全に使い切ることだと思うのです。

命を完全に使い切るためには、自分の才能、生まれてきた理由、使命というものを、「これだ！」と掴まえないといけないですね。

自分の生まれてきた理由、つまり天が自分に命を授けた使命を理解することを、知命《ちめい》・立命《りつめい》といいます。別の表現では、自得といい、仏教では、見性というようです。

知命・立命は、人生のスタートでもあり、ゴールなのです。

これをはっきりと掴めると、そこから人生が劇的に変わっていきます。しかしそれが簡単ではありません。知命・立命を目標にしても、簡単に得ることは出来ません。日常や過去、欠点や苦難の中に隠れているのです。

自分が生まれてきた理由、使命は、自分一人だけのものです。両親も先生も誰も教えてくれません。自分で学び、自力で掴まないといけないのです。

自分の使命を知らないまま死んでしまっては、後悔をしてしまうでしょう。

死ぬときに大満足して笑って死にたい、収入をたくさんもらうとか、世俗的な成功を得ていても、自分の人生の目的と合致していなければ、どこかで虚しさを感じてしまうでしょう。

その虚しさを素直に受け止めて、自分らしく生きたい！　と願い行動する人は、誰に教わるまでもなく自然と人間学を学ぶようになっていきます。

図7 人間学とは何か（第1章-2）

人間学とは、
「人生をいかに生きるべきか」
を問う学問である

人間学＝本学

自分の人生を生きる上で
もっとも大切な根本命題を扱います

自分の「命」、「天命」

図8 人間学の三つの目的（第1章-3）

「人生をいかに生きるべきか」
を突き詰めると次の三つになります

（1）人生目的に確立
（2）命の完全燃焼
（3）自己革新と創造

人間学とは、これらの命題を追求し
確かな自分を掴むことが目的になります

いかに生きるべきか

どんどん話を進めていきましょう。

人間学とは何か、一言でいうならば、いかに生きるべきかを追及する学問です。

聞きなれない名前も多いかもしれませんが、『論語』などの中国古典も、『※一三言志四録』などの日本の古典も、仏教書も、日本の偉大な思想家、安岡正篤先生、中村天風先生、森信三先生、※一四丸山敏雄先生など多くの先哲の著書なども、その教えを突き詰めると、『いかに生きるべきか』に集約されます。

極論すれば、歴史に残っている古典などの人間学の本は、そのすべてが「いかに生きるべきか」がテーマになっているといえるでしょう。

いかに生きるべきかという問いは、自分の中から湧き出てくる問いです。真剣に、

一三　佐藤一斎が後半生の四十余年にわたって書いた語録。『言志録』、『言志後録』、『言志晩録』、『言志耋（てつ）録』の四書の総称。

一四　一八九二年～一九五一年。日本の教育者、社会教育家、書家。戦後の日本において、倫理運動と呼ばれる生活改善運動を創始した。倫理研究所、秋津書道院、しきなみ短歌会の創立者。

そして熱心に人間学を学ぶと、その答えを得ることができます。

いかに生きるかの問いをどこまでも追求していくのが、人間学ですね。

いかに生きるべきかという問いは、自分の命から湧き出てくる理想そのものです。自分は一生涯をかけて、どのような仕事に打ち込みたいのか、どんな家庭を築きたいのか、どんな価値観を大切にしたいのか、どんな死に方をしたいのか、そして、どう生きたいのかなどです。

どんなことをしても、お金持ちになりたい、楽をしたい、苦労をしたくない、自分の利益のためならば、他者を踏みにじる生き方を仕方なしとする人もいれば、たとえ自分が傷つくことがあっても、自分以外の人の幸福のために人生を尽くす人もいるのです。少しずつ変化し成長する人もいます。

自分が、理想とする生き方は、自分の人間的成長に応じて変化していくのが特徴でもありますね。

人間学を学ぶ上で大切なことは、より良い生き方につなげることです。実践的であることが大切です。

間違いを犯し、失敗したとしても、間違いに気がついて反省して改める、少しずつ成長していくことが、人間の生き方であり、学び方といえます。

正解のある勉強では、このような学び方はしませんよね。人間は間違いを犯すことが前提です。優秀なエリートタイプに多いのですが、自分は間違いを犯すわけがないと、間違いを否定していると、成長することができないのです。

だから優秀でプライドが高く、失敗や負けを認められないタイプの人は、知識を増やすことに心の成長は伴わないということになってしまいますね。

皆さんは、そうならないように、肝に銘じてください。

自分ごとにする

人間学を学びはじめて、少し成長した頃になると、注意しなければならないことが出てきます。

いかに生きるべきかを自分に問いかけて、自分の中に、理想が高まってくると、その理想を絶対とする価値観で、他者を評価してしまう、裁いてしまうという弊害が出てくるのです。これは、誰も犯す過ちです。

「人間は、○○であるべきなのに、あの人は、それがわかっていない」というように人を裁いてしまうのです。調子に乗って一言いってしまうということです。

人間学は、人間の理解を深め、観る目を養う学びといえます。人を観察する目を養っていく中で、自分を棚上げして、他者を批判してしまうようになってしまうのです。人間学を学んでいるのに、周囲の人と仲良くできないということが起きてしまいます。これを避けるのは、実は容易ではありません。

私も、独学で学んでいた二十代から三十代の十五年間、ずっと過ちを犯していました。

例えば、中国古典の『論語』には、いろいろな章句があるのですが、その章句を使って人の行為を評価するのです。

「義を見て為《な》ざるは、勇無きなり」という章句があります。

意味は「正しさを前にして行動できないのは勇気が足りない」となります。この章句を覚えたら、課長に提案したら、わかったと言ってくれたのに、何も手を打ってくれない。課長は勇気が足りない。部長が怖いのだ…というように学んだ知識を他人を批判するために使ってしまうのです。

もしかすると課長に勇気が足りないというのは、その一面でしかなく真実ではないかもしれません。都合が良いように外に目を向けていると、自分を厳しく観る目を失ってしまうようになります。
大切なことは、自分はどうなのだ？ と自分を戒める視点を持つことです。

さらにいうと、課長よりはできているかな、それくらいできていたら、まあ良い方だというように、人間は少しでも気をぬくと自己認識を甘くしてしまうのです。上司の立場もわからずに、上司を批判することで、自分ができているような気になり、増長してしまうものなのです。

私の場合、師匠を持つようになって、はじめて自分の間違っている姿に気がつくことができました。人間学の学びは、自分を鞭打つためにあります。自分を厳しく律するためのもので、他人への責め心を持たないようにするのです。他人には優しくして、自分に厳しくのが人の道です。自分に優しく、他者には厳しいのは、ケチな性格といいますね。

人間は、自分の姿を見ることが出来ないのです。だから、どんな時でも心構えを正して、自分ごとになるように心がけをしないと、すぐに自分に甘くなります。

人間学で学んだことを、他者を裁くために使ってしまうことを「論語読みの論語知らず」であるといえますね。『論語』を学んでいながら、その精神を理解してないことを指します。私たちは、油断するとすぐに、論語読みの論語知らずになってしまいます。

繰り返しますが、人は自分というフィルターを通すと、どうしても甘くなってしまいますので、甘えや誘惑に勝つことが重要になります。「自分に克《か》つ」と書いて、「克己《こっき》」といいます。

学問の世界だけでなく、仕事の世界でも、スポーツの世界でも、一流になるための努力をしているすべての人は、この克己をテーマにしているといえます。すべてのことを自分ごとにする、それは、いかに克己するのかということなのです。

自分に克つ

それではどうやって自分に克っていけばよいのでしょうか。
ここは、とても重要ですから、掘り下げていきましょう。
まず一つ目は、とことん自分を見つめることが大切です。

自分を見つめることを「内省」といいます。自分に厳しい視点を持ち、批判的に自分を観ることです。

『論語』の章句の中に「これを知るをこれを知ると為し、知らざるを知らずと為す。これ知るなり」というものがあります。正しく知っていることを知っているとし、正しく知らないことは知らないとするという意味になります。

これこそが、本当に知るということですが、人間、自分というものほど、理解することが難しいものはありません。

例えば、逆境の中にいても平常心でいられるのか、狂ってしまわないか、また反対に成功や喜びの絶頂にいてもハメを外さないでいられるか、自分を抑えることができるのか、経験していないうちは不確かな状態といえます。

私は三十代の中頃、起業した会社を廃業させてしまいました。何をやっても上手くいかなくなり、苦難に陥ったのです。

それまでの私は、苦難の中でも、冷静に判断でき、志を曲げない人間であると思っていました。

しかし、実際に苦難に遭ってみるとそんなことはありませんでした。どん底に落ちた私は、精神的に病んでしまい、正常な判断もできなくなりました。最終的には、その場から逃げてしまったのですが、そんな私は、私のことを、能力も人徳も、勇気のある立派な人間だと自負していたのです。

有頂天になっていた私は、自分を冷静に保つことができませんでした。こういう時に重要なことが何かというと、否定的であることです。クリティカルシンキングというものです。健全に否定するのです。まだまだ力が足りないぞ、未熟だと思うのです。否定的な視点を土台にするのです。そのくらいでないと人は調子に乗ってしまうものだと思います。

自分を正しく知るためには、未体験ゾーンにいる自分のことを、しっかりとわからないと自覚する必要があるます。それが、克己のベースになります。

克己するとは、自分の至らないことをしっかりと理解した上で、その上で苦しい状況の中でも逃げない自分をイメージしながら鍛錬し、いざ苦難がやってきた場合に、絶対に逃げないぞと腹を括って踏ん張ることです。

人間は、良くも悪くも、自分に自信があるときは、前に進む決断ができるものです。そういう心境で克己するといっても、本物ではありません。本物の克己は、弱いものが、苦しいチャンレジをすることですね。

だから皆さん、安心してください。弱いものほど、克己になるのです。そうでないと、自分に打ち克つといえませんね。

次は、克己の二つ目のポイントです。それは、努力を継続できるかということです。そのポイントは、発奮することです。

発奮し、なんとしても成し遂げたいと心に火がつけば、努力が継続するものですね。

しかし発奮すれば良いといっても、これもまた簡単ではありません。今日、一心発起して、やるぞと決意しても、数日後にはやる気を失ってしまうものです。発奮は、発奮し続けて力を発揮するのです。

発奮するためのコツは、自分の中に奮い立たせるものを作ることです。その感情に立ち返ることができるような工夫をすることです。

「奮」と似た漢字に、「憤」という漢字があります。これは、悔しい！　負けてたまるか！　という感情です。

成功者の伝記を読むと、その幼少期は往々にして貧しい環境の中で育っています。コンプレックスや過去の失敗などを、負けじ魂に変えているわけですね。

また『論語』の紹介になりますが、※一五孔子先生の一番弟子に※一六顔回《がんかい》がいます。その顔回の言葉に、「憤の一字は、これ進学の機関なり。舜何人《しゅんなんぴと》ぞ、予何人ぞやとは、まさにこれ憤なり」というのがあります。

舜とは、才能と徳性の両方に優れ、国民を幸せにした政治をした昔の王様の名前です。

この章句から、発憤こそが、学問を取り組み継続するためのエンジンであることが理解できます。偉大な政治をした舜も、自分も同じ人間ではないか！　志さえあれ

一五　紀元前五五二年または紀元前五五一年～紀元前四七九年。春秋時代の中国の思想家、哲学者。儒家の始祖。釈迦、キリスト、ソクラテスと並び四聖人（四聖）に数えられる。

一六　紀元前五二一年～紀元前四九〇年頃。孔子の弟子の一人。後世の儒教では四聖の一人「復聖」として崇敬される。

ば、舜のように偉大な人物になれる、そういう感情が、発憤ということです。

目標とする人を前にして、私だってできる！　同じ人間じゃないか！　という感情を持ち続ける、それこそが、克己するために重要なことだと思います。

目標とする人がいないという人もいるかもしれません。そういう人は、自分が知っているすごい人を目標にしてみてはどうでしょうか。顔回にとって舜は、当時の教科書の中の人です。人間として対抗、対決してみるのもいいかもしれません。私は、幕末の志士が好きですが、彼らを尊敬して敬うだけでなく、何か一つでも勝ちたい！　という思いで、日々努力しています。

人間学は、いかに生きるべきかを追求するものだと述べました。

そのポイントは、克己です。つまり自分に打ち克つことで、人生を進んでいくということです。

自分を知って、自分に打ち克って人生を歩んでいけるならば、特別なことを学ぶ必要はないかもしれません。すでに人間学のマスターかもしれませんよ。

3　人間学の三つの目的

人生目的の確立

これから皆さんは、人間学の学びの世界に入っていくわけですが、そこでまず三つの目的というものを考えて欲しいと思っています。

その三つの目的とは、いかに生きるべきかという問いを、より詳しく発展させたものになります。

一つ目は、自分が生まれてきた理由、なすべき使命、人生の目的を確立することです。

二つ目は、自分の生命をこの人生の中で完全燃焼させることです。

三つ目は、自分を常に新しく革新させて、人生を創造していくことになります。

つまり、この三つの目的を成し遂げるために、人間学を志して欲しいのです。

この三つの目的を実現していくことを目指せば、この後に紹介する人間力と仕事力の両方に優れた人物に向かって成長することができます。

人間学は、この三つを志すことからスタートします。自分にだけに与えられた人生の意味を発見するための長い旅路になります。

すべての人間は、その人だけに与えられた使命をもって生まれてきています。使命のない人はいません。皆さんにも、必ず皆さんだけの使命があります。

使命について考えるためには、まず「命」というものを考える必要があります。命には、生まれつき宿っている「宿命」というものがあります。男として生まれたとか、どこどこの地域で生まれたといったもので、自分の力ではどうすることができないものです。

もう一つは、生まれてから自分の力で変えていけるものとして、「運命」があります。命というものは、この二つの要素が絡み合っているわけです。

自分の人生の目的は、半分は、生まれる前から決まっているといえますが、もう半分は、人生を生きていく中で自分の選択によって変えていけるものになります。

だから、人間学の世界に入った本日から、どうせ俺なんか、育ちもよくないし、学校も三流だし、人生しれたものだよと拗《す》ねるのは無しにしてください。自分の使命を見つけるということに関していえば、育ちが良く裕福で恵まれている人が有利ということはありません。知命・立命に向かう人生の旅は、前半生がめぐまれていない人の方が有利に働くことが多いかもしれません。だから、安心してください。宇宙の法則は、イーブンになるようにできていますね。

大切なことは、自分の心の奥底で感じる俺の人生はこうだ！という「実感」を掴めるかどうかです。行動せずにはいられない情熱が、湧き起こってくるかどうかなのです。

今の私の場合は、人間学が、自分の使命です、学ばずにはいられない、少しでも世の中に広めたいという情熱が湧き上がってきます。この実感を得るためにさらに学んでいくのです。

私の話になりますが、三十代の中頃、起業した会社を潰した経験があります。その理由を考えると、その時の私には、自分の命から湧き起こるような使命感を持っていませんでした。

だから、苦難に遭った時に立ち向かうことができませんでした。あっさりと崩れてしまったのです。

苦難を乗り越えて掴み取った使命を持つ者だけが、どんなことがあっても逃げずに前に進んでいけるといえます。

その使命をどうやって見つけたら良いのかが、問題ですね。それが、人間学を学ぶ理由になりますね。皆さん、興味出てきたでしょう。

この後、二章と三章で、人物の条件として、知命・立命を紹介します。そこでより詳細に説明しますので、一旦終わりにしましょう。

命の完全燃焼

二つ目に考えて頂きたい事は、自分の命を、人生を完全燃焼させることです。死んだ時に、何一つ悔いがない、そんな生き方を、どうすればできるでしょうか。

命を、完全燃焼させながら生きるということは、つまり、自分の魂に火をつけて生きるということです。先に述べた自分の人生目的を確立することも、魂に火をつけることに繋がりますね。

しかし、皆さんにここで伝えたいことは、仮に自分の使命と関係がなくても、自分の魂に火をつけることができるかどうかということです。

自分の魂に火をつけるのは自分です。どんな時にでもです。例えつまらない仕事をしている時でさえも、自分を震い立たせることが、命の完全燃焼になります。

すべての人が、歴史上の英雄のようにダイナミックな使命をもっているわけではありません。皆さんにお伝えしたいのは、ダイナミックな生き方を推奨しているわけではないということです。

自分の生まれた街で、家庭を持って、出会った仕事を天職とし、その中から自分の使命を発見し、命を完全燃焼させる、そういう生き方の中から「本当の自分」を発見して欲しいのです。英雄になるかどうかは、天の計らいによるものです。


禅の言葉に、「随処《ずいしょ》に主《しゅ》となれば立処皆真《りっしょみなしん》なり」というものがあります。意味は、「どこへ行っても主体性を失うな、主人公になれ。そうすればその人の行動には間違いはない」というものです。

つまり、どんな状況や境遇にあっても、自分が主体性を失わなければ、自分の命の輝きを損なうことはないということです。

しかし、人生には逆境があります。長い人生の中には、一度や二度の落ち目があるものです。左遷や閑職につくこともあれば、職を失うようなこともある。自分の意に反するような仕事や境遇に陥る時もあります。自分の意に反し、やる気を失い自暴自棄になってしまうことさえあるのです。

そういう落ち目の時に、自暴自棄にならないで、前を向いていられるのは、本当の強さを持っている人ですね。

私の師匠の一人に、千二百日行者である日本経営道協会の市川覚峯先生がおります。市川先生は、四十四歳でこれまでの地位やお金を捨てて、高野山に修行に入り、小僧になります。

ある時、市川先生がトイレ掃除を嫌々ながらしているのを師匠が見て、「お前はトイレ掃除をして一体どうなる？」という質問を先生に投げかけられます、市川先生は、トイレが綺麗になりますと答えると、ばかもん！　お前は何をするために山に登ったのだ。トイレを綺麗にするだけなら、お手伝いのおばさんと一緒でないかと、師匠の言葉によって、市川先生は悟ったそうです。

師匠の言葉は、随所の主となれという意味だったのです。どんな時でも、どんな場所でも、自分を成長させるための道場であり、真剣に取り組まなければならない。

市川先生は下山後、日本経営道協会を設立し、経営を通して人間力を高める「経営道」を後世に伝えるべく活動しています。市川先生の著書に『命輝かせて生きる』という著書があります。私たちはどんな時も主体的に生きていかなければならないと思います。

これこそが、命の完全燃焼といえるものです。

自己革新と創造

三つ目に考えていただきたいことは、人間には無限の可能性があり、限界なく進化成長できるということです。そして人生は、自分の心の通りに創造していくことができるクリエイティブなものだということです。

人生というものは、今の延長線上で続いていくのではなく、ある一つのきっかけでポンと次元が上昇するように変化するものです。就職や結婚、出産、独立・起業、その前後では、まったくの別物という感がありますよね。

もし年を取っても何一つ決断もチャレンジをせず、惰性で生きてしまっていたら、なんの成長も、代わり映えのない生活を続けてしまうかもしれません。しかし、就職や結婚など大きな責任や決断を伴う行動をすると、自己革新があり、そこから変化が生まれ、人生が創造されていくことになります。

人生の選択によっては、同じ自分ではあるけれど、別人のような自分になっている可能性さえあります。

もしかすると皆さんも、この講座がきっかけで人間学というものと出会い、そのきっかけで自分というものを真剣に見つめるようになった。その結果、三十代、四十代、五十代、六十代、七十代と自己革新を重ねていき、十代や二十代の時には想像もしてなかったような人生が拓けていくという可能性もあるわけです。そのように考えたらワクワクしませんか。

このように人間には無限の可能性があります。自己革新できる能力を持っているのです。これは、他の動物にはない能力です。霊性ともいいます。人間はこの霊性を持つことで他の動物にはない創造するという使命を持っているのです。

他の動物は、どんなに頑張っても言葉を話すことはできません。自分を成長させることも、生活をより良くさせることもできません。これは、人間にだけ与えられた特性です。

だから、人間は、神様によって、自己革新をしていくように、創造の人生を送っていけるようにあらかじめプログラムされている生物といえるわけです。

では、皆さん、私たちは、どうやって自己革新をすればよいのでしょうか。

先ほど、この世界は、心に思った通りに変化していくという法則を紹介しました。つまるところ、自己革新とは、これなのです。自分の心が思った通りに自分が変わり、そして世界をも変えていく……これを目指そうという話なのです。

結婚した配偶者と、どんな時でも手を取り合って助け合うことを想いえがけば、幸せな家庭になっていくし、アイツのせいだ、気に食わないという責め心を持ってしまえば、家庭はギスギスしたものになっていくでしょう。

配偶者が、ムカつくから、責めて当然だというのではなく、自分が責め心を持ってしまっているせいで、家庭がおかしくなっているという因果関係の方が大きいのです。

自分を取り巻く世界は、自分の心がけ次第です。すべてのことは自分だけで完結するのです。こういう視点を持つことが、変化を起こすベースになります。

京セラの稲盛和夫さんの言葉を借りると、自分の心の思った通りに世界を変えるための条件として、自分が何かをはじめる時の動機、つまり心がけが正しいかどうかが大切だとおっしゃっています。動機善なりや、自分の心の中にある邪な心、我欲がないかを問い続けて、それらをなくそうと努力するわけです。

正しいかどうかは、自分の心の本音を聞けば、わかることですね。

難しいのは、善を問い続けることであり、その善に向き合い続けることですね。

そこであらゆるものには、心が宿っていて、きちんと心に込めれば、心が通じあうのです。物にも心がある、この心がけが大切です。

一つのコツになりますが、あらゆるものと調和しようとすることです。つまり周囲と仲良くし、場を和やかにするように努めるのです。

そういう心がけを持つと、心が通じあう感覚があります。先ほども説明をしましたが、心を突き詰めると、調和なのですから、あらゆる場面で、調和を心がけるといろんなことが変わってきますよ。

それではもう一つ、人生を創造していく方の話をしたいと思います。

私たちが、人生を創造していくためには、何が必要なのか。

それは、この世界の中の至るところに存在している「機」を掴んで、人生を拓くということです。機とは、全体に波及するようなポイントです。タイミングともいえるかもしれません。この機を掴むには、人生や世の中を洞察する智慧《ちえ》が、必要になってきます。第五章で詳細に後述しますが、ここで少しだけ内容に触れたいと思います。

それでは、智慧を生み出すために、必要なことをお伝えしたいと思います。

それは賢さではありません。意外と思われるかもしれませんが、明るい心、前向きな心、積極的な心を持つことです。これを、明徳といいます。そんなことか！と思われてしまうかもしれませんが、これがとっても重要なのです。

自分の人生は、生まれた時から決まっている、こんなものだ、変えられるわけないという宿命的な態度から、自分の人生は、自分の力で人生を創造していけるのだ！という運命的な態度に切り替えていくために、最も大切なことは心構えになります。

宿命は、生まれつき宿っている命です。運命は、自分で創造することができ変化させられる命です。運命を切り開くためには、心がけ一つです。

昭和時代、多くの経営者が教えを受けた中村天風先生の著書を読むと絶対的な積極心について言及しています。

ここでいう絶対的とは、他に頼らず自分一人で立つという意味になります。どんな時でも随所の主となれ、つまり、どんな場所でも自分が主人公となって、主体的に取り組んでいけということです。

では、積極心を発揮するためにはどうしたら良いのかというと、どんなことでも、明るくポジティブに捉えるのが基本です。この姿勢を深めていくと、あるがまま、そのまま正しい、これがよいという哲学になります。この境地に立てると人生のあらゆる事にも動じなくなります。

中村天風先生の教えでは、前向きな言葉を使って、「自分はできる！」「大丈夫だ！」ということを強く心に染み込ませるやり方が書いています。

また、明るい心は、明朗といって、経営者が幸せを作り出す心のあり方を勉強する倫理法人会という団体でも、最も大切な最初の心がけとして教えてくれます。私が、工藤先生に誘っていただいた団体ですね。明朗こそが、自分を変え、自分を取り巻く世界を創造していく土台になるわけです。

明るくなろう！ ということなのです。

そのために、人間学を学んでいく、意識して、心を明るく、魂に火を灯して生きていくということです。

明るさとは、ハイテンションになって場を盛り上げるということではなく、どんな時でも自分を信じる心を持つことであり、他人を安心させる思いやりの心を持つことですね。

人間学は、そんな明るさを学んでいきましょうという話です。実は、すごく単純な話なのですよ。

図9 第一章のまとめ

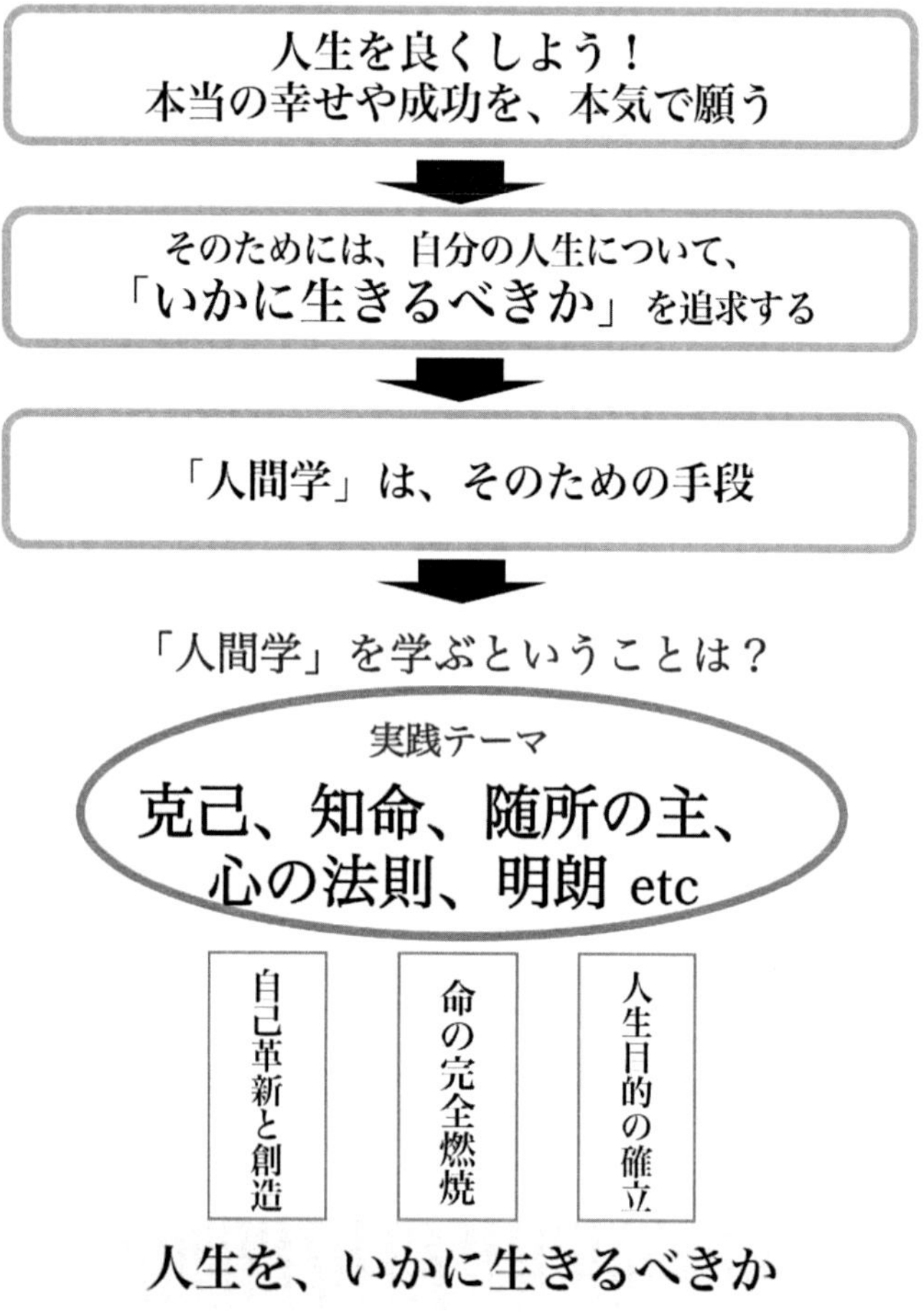
人生を良くしよう！
本当の幸せや成功を、本気で願う
そのためには、自分の人生について、
「いかに生きるべきか」を追求する
「人間学」は、そのための手段
「人間学」を学ぶということは？
実践テーマ
克己、知命、随所の主、
心の法則、明朗 etc
自己革新と創造
命の完全燃焼
人生目的の確立
人生を、いかに生きるべきか

第二章　人物に成るための条件

1　人間力の人、人物の特徴

人物の特徴

この講座は、人間学というものを学んで、人物になっていこうという内容です。人物といっても、なかなか聞き慣れない言葉ですよね。

人物というのは、仕事の能力だけではなく、人間的な魅力、人間力に優れている人のことをいいます。

あの人は人間ができている、人間が練られているという人のことです。わかりやすくいうとデキた人間のことです。逆に仕事の能力だけが、高い人のことを、デキる人といいますね。

近代日本の創成期である明治時代や、戦後の復興期においては、日本中に、人間のデキた人物が、数多く輩出し、日本の発展と復興に貢献しました。

本当にたくさんの方がおりますが、私の好きな人物を紹介しましょう。[※一七]吉田松陰、[※一八]坂本龍馬、[※一九]西郷隆盛、[※二〇]勝海舟、[※二一]渋沢栄一、戦後の経営者の方では、経営の神様といわれたパナソニック創業者の松下幸之助さん、ホンダの創業者[※二二]本田宗一郎さん、ソニー創業者の[※二三]井深大さん、経団連元会長の[※二四]土光敏夫さんなど、スケールの大きい人物がたくさんいました。

一七　一八三〇年～一八五九年。長州藩士。山鹿流兵学師範。明治維新の精神的指導者。明治維新で活躍した志士に大きな影響を与えた。

一八　一八三六年～一八六七年。日本の幕末の志士。薩長同盟の立役者。

一九　一八二八年～一八七七年。明治維新の指導者。維新の三傑の一人。坂本竜馬の仲介で長州の木戸孝允と薩長連合を結ぶ。勝海舟とともに江戸城無血開城を実現し、王政復古の明治維新を成功させた。郷里の私学校生徒に促されて挙兵(西南戦争)するが、政府軍に敗北し、自刃した。

二〇　一八二三年～一八九九年。日本の武士（幕臣）、政治家。

二一　一八四〇年～一九三一年。日本の実業家。経済活動において、「道徳」と「経済」は、元来ともに重視すべきものであり、「道徳経済合一」を提唱した。著書に『論語と算盤』がある。

二二　一九〇六年～一九九一年。本田技研工業（ホンダ）の創業者。多くの経済人に影響を与えた経営者。

二三　一九〇八年～一九九七年。弁理士、電子技術者、実業家。盛田昭夫とともにソニーの創業者の一人。

二四　一八九六年～一九八八年。昭和時代の日本のエンジニア、実業家。石川島重工業・石川島播磨重工業社長、東芝 社長・会長を歴任、経済団体連合会第四代会長に就任した。

それでは人物とはどんな人なのか、その特徴についてお話しをしていきたいと思います。

『現代の帝王学』（伊藤肇著／プレジデント社）という本の中では、人物の特徴を次のように上げておられます。伊東肇先生は安岡先生のお弟子さんの一人です。

一つ目は、顔、人相が良い、福相であること
二つ目は、応対辞令、言葉使いや身辺の問題処理の方法が適切
三つ目は、出処進退、仕事や役職への進み方と退き方が絶妙
四つ目は、修己治人、自分自身を修めて人を統率すること

人間的魅力に優れる人物は、この四つの特徴を持つというのです。ここからは、この四つの特徴について、詳しく解説していきたいと思います。

顔つき、徳によって暖かさを感じさせる人

まず、最初の条件は、顔がいい、イケメンということではないですよ、人柄を感じさせる良い人相かどうかということです。

第十六代アメリカ合衆国大統領※二五エイブラハム・リンカーンの有名な言葉に「人は四十歳になったら自分の顔に責任を持て」というのがあります。

リンカーンが大統領の時に、閣僚の一人が辞める事になった。その後任の候補として、ある人が推薦されました。「その人は、大変有能な人ですから、是非、採用してください」との強い推薦があったのだそうです。ところが、彼と会ったリンカーンは採用しませんでした。後日、なぜ彼を採用しないのか、と推薦人から詰問されたときに答えたのが、先の言葉になります。

人間、四十歳にもなれば、その人の品性や知性、考え方がそのまま顔つきに出てくる。二十歳の時の顔は親が与えてくれた顔、四十歳の時の顔は自分で作った顔ということです。

いつも不平不満を持ち、責め心で一杯になっている人の人相は、肌ツヤが悪く、疑り深そうな顔つきになってきますが、反対にあらゆることを前向きにとらえてい

二五　一八〇九年～一八六五年。アメリカ合衆国の政治家、弁護士。第十六代アメリカ合衆国大統領。最初の共和党所属の大統領である。

て、いつも人の美点を探し、暖かさで包み込むような人は、親しみやすいですよね。

雰囲気がとても良い、これはもう、感覚的に感じさせるものです。人間的な魅力に優れている人に接すると、感動してしまい、体が震えてしまうということがあります。皆さんは、そういう経験ありますか？

そういう人に会うと、直観的に、この人は優しい人だ、信用できる人だと感じさせてくれるものです。自分のような未熟な人間に対してでも、丁寧に扱ってくれる、謙虚な姿勢で接してくれる、自然と背筋が伸びてしまう、この人を喜ばせたい、この人に認めてもらいたい、この人のためなら死ねる、どんなに苦しくても乗り越えていける…そういう気持ちにさせるわけです。

そんな風に人を温かくし、勇気を持たせる人のことを、人物というのではないかと思うのです。

『※二六史記』という中国の古い歴史書の中に「桃李《とうり》もの言《い》わざれども下自《したおのずか》ら蹊《みち》を成《な》す」という言葉があります。成蹊大学の由来になった言葉です。私の師匠である

二六　中国前漢の武帝の時代に、司馬遷によって編纂された歴史書である。

工藤直彦先生の座右の銘でもあります。

その意味は、桃や李《すもも》は何もいわないが、美しい花にひかれて人が集まってきて、その下には、自然に道ができるという意味です。

徳のある人物は、言葉を使わなくても、その徳を慕って人が集まってくる、そういう人間味があるのが理想ですね。自分の徳によって人を感化させることを、「薫《くん》化《か》」、もしくは「薫《くん》陶《とう》」といいます。人間性の香りがあることをいいます。

そういう徳のある風貌や人間性は、顔つきや背中、雰囲気に出てきます。顔や背中を見れば、温かい感じを受ける人、素敵ですね。

だから顔つきというのは非常に重要です。自分の顔をチェックしてください、眉間にシワがないか、目つきや口角が曲がってないか、唇や肌の血色が悪くなっていないか、全部、自分の人間性の現れですよ。

そして、人生の師を求めるときは、このような人を選びたいものですね。

応対辞令、言動の中に謙虚さを感じさせる人

人物の二つ目の特徴とは、言葉使いや身の回りの問題解決のやり方、つまり事務

の処理が上手ということです。聞きなれない言葉ですが、これを、応対辞令といいます。

例えば、何かものを頼む時にしても、また反対に断る時にしても、言葉の使い方に、微塵も嫌な感じを与えないという人がいます。気配りや心配りがあるということです。

以前、ある人からイベントのお誘いを受けた時の話を紹介します。お誘いと書きましたが、つまるところイベントの集客活動です。

しかし、そのお誘いが実に暖かい、嫌な感じを受けない、徳を感じるわけです。都合があり心苦しくもお断りをすると、絶妙なタイミングで、断った私の方に申しわけなさを感じさせないようなフォローの連絡があるわけです。応対辞令の素晴らしさというのは、その人のことをいうのだと感じました。もちろん私は、その人の大ファンになってしまいました。

では、応対辞令を適切に行うには、どうしたら良いでしょうか。

こんなことかと思われると思いますが、それは、謙虚さを持つことです。

とてもシンプルではありますが、これがまた、実に難しいのです。本当の謙虚さは、そう簡単にできるものでありません。

例えば、どんな人でも、それなりの会合などに参加した際に、礼儀作法として頭を下げるということをします。これは、本当の謙虚さではありませんね。

本当の謙虚さとは、心の底から相手のことを偉いと感じる、素晴らしいと感じるところから、自分を一歩下げるという行為です。

謙虚さを感じさせる人は、未熟な人とか、若い人に対してさえも、「偉い、素晴らしいと感じることができて、一段下がることができるのです。そんな態度で接してくれる年配の方がいたら、凄いと思ってしまいますよね。

そういう謙虚さを持てるように、歳をとっていきたいと思いますが、どうやって身に付けたら良いでしょうか。

謙虚さにとって、何がもっとも大切かということですが、前述した安岡正篤先生は、敬と恥の二つは、人たるゆえんとして、人間が人間であるための根本であると述べております。

敬とは、神様、天地自然といった偉大なものに対して、畏れ敬うという感情です。

神様や天地自然は、絶対であり、完全なる存在です。その絶対なる神の仕業、自然の脅威の前に、人間は、どこまでも無力ですね。神様や天地自然の前に立って、自分の至らなさ、不完全さを自覚すると、恥の気持ちが湧いてくるというのです。

芳村思風先生の感性論哲学の中では、不完全性の自覚から滲み出る謙虚さが、人間が人間になるための基本的な要素であるといっています。安岡先生と通じますね。

まさに、謙虚さは、自分が未熟で不完全な存在、至らない存在であるという実感から出てくるものです。自分が不完全と思えると、相手が偉く感じてきます。この実感があると、相手よりも一段身を下げた応対辞令ができるというわけです。

これは、難しいぞ！　と思ったかもしれませんね。はい、難しいです。

しかし、安心してください。多くの日本人は、初詣に神社にいけば自然と頭が下がりますよね。この気持ちこそが、敬の心です。この心を見つめてみてください。

ここまでくると、人間学と他の学科が違うと思われたのではないでしょうか？

礼儀作法の形だけを覚えてくださいというものではないのです。

心にアプローチして、心の変化を実感する、そうやって成長していくのが、人間学というものになります。

出処進退の鮮やかさ──素行自得

それでは、人物の三つ目の特徴について進みましょう。三つ目は、出処進退というものになります。この言葉も聞きなれないですね。

出処進退とは、仕事や役職への進み方と退き方のことです。この出処進退が、傍目から見て鮮やかであるというのが、三つ目の条件です。

私が、サラリーマンだった二十代の頃、友人と起業した時のことをお話ししたいと思います。まだ社員数が４人とか５人だった頃、私の後輩のあるメンバーが、外で活動するために、名刺に、取締役とか部長という肩書きをつけて欲しいと社長に頼んだことがありました。

全員が二十代で、社会人経験も少なく、仕事の実力もなかった頃です。

その後しばらくして、取締役の肩書きが欲しいといった彼は、後輩がメキメキ力をつけていって、自分より重い責任を担うようになると、居たたまれなくなって辞めていきました。

自分から役職を求める人の多くは、その役職が背負うべき責任を理解していないことが多いですね。

人物といえる人は、その役職になったら、まず自分がその責任が果たせるかを、最初に考えますね。自分から出世させて欲しいなど軽々しくいうことはありません。

役職を求める人は、どのような団体の中にも一定数おりますが、そういう人を見ていると、仕事や勉強を頑張りませんが、反対に地位を守ることには積極的です。役職を失ってしまうものなら上役にも反抗します。自分の正しさを声高々に叫び、攻撃をする人さえいます。周囲に上役の悪口をいいふらす人もいます。

地位に貪欲な人間とは対照的になりますが、人物の生き方は、「素行自得《そうこうじとく》」といえます。

「素行自得」とは、中国古典の『中庸』にある言葉なのですが、「素して行ない、自ら得る」といい、今いる環境の中から離れずに、自らを自らによって修め掴んでいくという意味になります。

人物は、自分の立場を飛び越えない、目立とうとしない、足元を固めて、実直に努力する。そして真の自分を掴むことに集中する、そういう人間は目立つことはないけれど、実力は確かだということです。
こういう人を、無名有力といって、人物の目指すべき姿といえますね。

目立たなければ、役職は上がらないじゃないかという意見もあるかと思います。しかし、安心してください。デキた人物である人が上司であれば、その様子をよく観察しているのです。

人物は、人物によって引き上げられるものです。引き上げられないということは、まだ実力が足りないということなのです。安心して任せられないのだと思い、自分の今いる場所で、力を尽くす、成長を心がけることが大事です。

そして、出世して地位が上がったら全力を尽くす、地位や役職には頓着せず、目の前の仕事に力を尽くす、こういう生き方をする人こそが、人物といえるわけです。

修己治人――精神的態度で学ぶ

人物の四つ目の特徴は、修己治人です。自分を修めることで、人を治めるという意味になります。

修己治人とは、中国古典を学ぶ、三つの目的のうちの一つでもあります。残りの二つは、経世済民と応対辞令です。経世済民とは、苦しんでいる弱き民衆を救うための政治のあり方のことですね。応対辞令は、前述した内容です。

修己治人の修己は、自分に向き合うこと、修養するという意味です。修養とは、徳性を磨き人格を高めること、つまり人間力を高めることです。

治人とは、人を統率する、マネジメントをするという意味です。この統率やマネジメントを、自分の人間性を高める修養を通して行うことを、修己治人といいます。英語でいえば、マネジメント ウィズ セルフマネジメントという事になりますね。

人間学の世界では、自分の人間性の未熟さを棚に上げて、権力だけで人を動かそうとはしません。一般的なビジネスノウハウの場合、テクニックでマネジメントしようとしますので、アプローチ方法は反対といえます。

人間というものは、人間的魅力のある人、尊敬できる人にだけに、素直に喜んで従うのです。権力を使って無理やり人を動かすといった、人情に反するやり方では、長期的にみれば、必ず人心を失い、組織はバラバラになっていきます。
人間性の劣っているリーダーの特徴は、権力やルール、アメとムチだけを使って、合理的に人を動かそうとします。人間力の高い人の場合は、信用、信頼、喜びがあります。徳や人情を大切にします。

だからといって合理的なマネジメントが、必要ではないというわけではありません。非常に大切です。しかし、徳や人情を、根本に置かないと、上手くはいかないということです。

先に説明をした陰陽相対理論を思い出してください。
「陰」と「陽」の両方のバランスが取れていて、有機的に統合されているのが理想だと話しました。
割合を数値で表すならば、徳や人情を51％、合理性を49％くらいになるように、両方の価値観を同時に大切にするのが良いですね。白か黒かで綱引きをしてすると失敗してしまいます。両方合わせて百点にする。ほんの少しだけ、本質的なものを多めにするのが、コツになります。

人間学は、こういうバランス感覚を身につけようという学問です。是非、皆さんは、修己治人のリーダーシップを目指して欲しいと思います。
さらに、修己を、わかりやすく表現するならば、自分の人間性や精神性を高めていこうとする態度です。

つまり、自分の中で精神的な問いを持つことが、修己ですね。人生をいかに生きるべきか、人の喜びや働きがいとは何だろうか、どんなリーダーであれば部下は心服するだろうか、徳のリーダーシップとはどんなものだろうか、といった類の問いかけです、これらを自分に向けて発し続けるのです。

人間学は、精神的な問いかけを探すために学ぶことでもあります。その問いの答えを探すために、さらに学ぶということです。
自分の身を修めようとする人は、部下たちに率先して身を修めます。その後ろ姿で、人が付いてくるのです。

以上、人物といえる人の四つの特徴を紹介しました。
是非、皆さん、こういう特徴をもった人物を目指して欲しいです。

年齢を重ねていても、自分を修めようとする人こそ尊敬に値する人ですね。そういう人の爪の垢を煎じて呑むことが、人物に近づくことです。
少しでも、その雰囲気に触れることですね。
年をとった時、自分のロールモデルになってくれるはずです。

図１０ 人物の特徴（第2章-1）

人物とは、
人間性と仕事力の両方に優れる人

その特徴は下記の四つ

1.顔つき　：徳による暖かさ、福相
2.応対辞令：言動の中に謙虚さがあり、
テキパキと仕事を処理できること
3.出処進退：自分の今立つ場所で尽力する
地位や役職に就く時や退き時が鮮やか
4.修己治人：自分を修めて、人を治める自分の精神性
を高めることで、人に良い影響を与える

図１１ 人物の特徴の要諦（第2章-1）

素行自得 今いる場所で 全力を尽くす 出処進退	**人間性**や**心**の状態は **顔つき**に影響を与える 顔つき
修己治人 **精神的な態度** で学び、統率する	応対辞令 **謙虚さ** →敬と恥 →不完全性の自覚

2　人物であるための条件

人物の六つの条件

ここからは、人物になるためには何が必要か、その条件を挙げていきたいと思います。

昭和時代の碩学、安岡正篤先生の弟子である下村澄先生の著書に『人物の条件―安岡正篤先生から学んだこと』という本があります。

人間学のロングセラーとして有名であり、もしかすると読まれた方、本屋で見かけたことのある方もいるのではないかと思います。今回、この本を参考に、人物に成るための条件について学んでいきたいと思います。

一つずつ挙げていきますね。

一つ目は、「元気」です、ただし気分や体調に左右されるといった弱々しい元気ではなく、心身の健康からくる揺らぐことのない真の元気があることです。

二つ目は、「精神性の高まり」です。そこから生まれる規範的な生活態度を持っていることです。

三つ目は、「見識《けんしき》」と「胆識《たんしき》」です。物事を深く洞察する知恵と決断、それを実行するための勇気と行動力を持っていることです。

四つ目は、「知命と立命」です。天が与えた我が身の使命、自分が生まれてきた理由を知って真の志を打ち立て人生を創造していけることです。

五つ目は、「器の大きさ」です。どのような立場の相手をも受け入れて包容することができることです。

六つ目は、「機を読む力」、または「掴む力」です。ある種の直感力を持って答えを導き出し、人生を創造していけることです。

「うわ、何だ！　これは難しそう」と感じられたかもしれませんね。

大丈夫です。ここまで話してきた内容を押さえていれば、この六つの条件を理解することができます。楽しんでいきましょう。

気が付いた方もいるのではないかと思いますが、この六つの条件は、順番に積み上がっていくものです。一つ目の「元気」が土台になって、その上に、二つ目の「精神性の高まり」が積み上がっていきます。そしてさらに、三つ目、四つ目と積み上げるためには、一つ目の「元気」も、さらに強固にしないといけないのです。

ですから、すべてを積み上げたとき、それ相当の「元気」、それ相当の「精神性」、「見識」と「胆識」…と、すべてが高いレベルの人間になっていきます。

それでは、この六つの条件を一つずつ見ていきましょう。

元気―肉体の奥底で起こる陰陽の有機的統合

人物になるための最初の条件は、「元気」です。

元気というものがないと、健全な理想というものが生まれてきません。「理想」が生まれてこないとその先の成長に続いていかないのです。ですので、まず元気であることを、土台にしなければならないのです。


ちょっとしたことで、すぐにお腹が痛くなってしまうとか、すぐに疲れてしまうという人がいると思います。昔の私がまさにそうでした。元気がないから、受験も就職もあまり頑張れませんでした。

反対に、いつも熱意にあふれ、いろいろなアイデアが浮かんでくる、何時間でも働いていられるという人もいますよね。そういう人は、元気ですね。


安岡正篤先生が、人物に成る条件として、もっとも重要な要素であるとしたのが、元気でした。元気こそが、人間の根源的なエネルギーだというのです。

安岡先生のおっしゃる本当の元気とは、どんな時もエネルギーに溢れていて、ちょっとやそっとのことでは揺らがないものだそうです。

この本物の元気が、精神性と結びつくと理想が生まれてきて、この理想を持つことで、洞察力や決断力が身についてき、見識になっていくというのです。

さらに付け加えると、元気であることに、健康や五体満足であるということは関係ありません。虚弱体質であっても、病弱であっても、立派に仕事ができるはずだ！　という気力を発揮することができれば、元気といえるわけです。ですから二十代前半、肺病で苦しんでいた松下幸之助さんも、元気というわけです。

では、その元気はどこから生まれるのかというと、安岡先生は、「気力」と「骨力」の二つから生まれるといいます。

骨力は、聞いたことがない言葉ですね。骨は、人間の体にとって非常に重要なものらしく、人間の肉体を支えるだけでなく、栄養をはじめ造血、酸やアルカリの調節などの生理機能を司っているそうです。

そしてここからは、一般的な常識と反する内容になるのですが、この「骨の髄」では、さらにもう一つの働きがあるらしく、人間の精神にも作用する機能があるといいます。

骨には、生理機能を調整する機能と精神に働きかける作用の二つがあり、この二者が有機的に統合されると非常に強い活力が出てくるというのです。これが「元気」です。この有機的に結合する考えこそが、第一章で述べた「陰陽相対理論」ですね。骨力は、体力だけでなく、精神的な気力をも生み出す、そして、骨力と気力が活性化され、有機的に統合されると、溢れるような元気が出るというのです。安岡先生は、精神的なものを求めるレベルにまで高まった元気のことを「志気《しき》」と呼んでおります。

そして、この「志気」を身に纏《まと》うようになると、自分の人生や仕事において、こうすれば良くなるのではないかという気づきや問題意識が出てくるというのです。この気づきや問題意識が、自分が本当に実現したい理想になるのです。

何かを良くしたいという強い願望のある人は、元気な人といえますね。

精神性の高まり──規範的な生活態度

人物の二つ目の特徴は、「精神性の高まり」です。

繰り返しになりますが、人物にとって、元気が、もっとも大切です。この元気を作り出す一つの要素が、骨力でした。この骨力が充実してくると、もう一つの要素である気力が充実してくるのです。

骨力というのは肉体的な力です。気力は、精神的な力です。この二つは、人間の中で有機的に繋がっているため、片方が大きく育ってくると、もう片方も大きく育ってくるのです。

ですから、骨力が充実してくると、呼応するように気力も充実してきて、その結果、道徳的なものを求める「精神性」も高まってくるというのです。

日本人は、剣道や書道というように、道を求めるお稽古を習慣にしている人が多く、生き方に精神性を求める人が多くいますよね。そういう人は、元気なのです。

そして、この本当の意味での元気が出てくると、本能に身をまかせ、自分の利益だけを追求するだけでは満足できなくなってきます。どこかで精神的なものを求め出していくわけです。

精神性の高まりは、道徳的なことを学んで、自分の中で規範を作っていく行為に繋がります。人間を人間にたらしめるものは、精神性ですね。精神的なものを求めるようになってはじめて、人間になったといえるでしょう。

その規範に則った生き方が、理想になってくるわけです。

世の中の困った人を助けたいと思うことも、理想でありますが、それは自分を棚上げした理想です。自分をしっかりと保つという内側に向いた理想ができるようになってはじめて、理想を外に向けるべきです。

大切なことは、精神性を、本能的な欲望と調和させていく方向に向かうことです。お金儲けしたいという欲望に、精神的な志が合わさってくるわけです。お金儲けはエンジン、志はハンドル、この二つがあって、目的に向かうことができる自動車になるというわけです。行動する力や実現する力が相まって、はじめて真の志を打ち立てていく足がかりができてくるわけです。

これも、また陰陽相対理論による陰陽の有機的統合ですね。日本や中国といった東洋の伝統的学問は、陰陽の有機的統合によって、発展を連鎖させながら展開していくのが特徴とお話ししました。

最初は、お金儲けが目的だった事業でも、経営者が成長するに従い、世の中の幸せのために貢献するような社会的な事業に変わっていくわけですね。

安岡先生は、このレベルまでは、努力すれば、誰もが到達できるといっています。

自分の中にある欲望をコントロールしながら、前進できるようになっていくわけです。ビジネスは利益を上げなければ意味がありませんが、利益を上げればそれで良いというわけでもないのです。

本能的な欲望と精神性を、同じ理想として発揮していくのです。お金儲けは手段であって目的ではない。精神性は、手段であるようで、手段ではない。人生や事業の目的といえるのです。

見識と胆識──本質を見抜く洞察力と実行力

その次は、「見識」と「胆識」を持っていることでした。

見識と胆識、これもまた難しい言葉ですね。

わかりやすくいうならば、見識とは、本質を見抜く知恵や洞察力のことであり、胆識とは、知恵と勇気をもった実行力のことです。

安岡正篤先生は、本当の意味で元気を持つ人間が、何の理想を抱かずにいられるはずがないと仰っています。この理想が、自分の持っている知識と結びつくと見識になるというのです。人間が、理想を持つと、その理想に照らし合わせて現実を見るようになってきます、そうすると、どうすれば良いのだろうかという疑問やこうすればよかったという反省が生まれてきます。これこそが、見識だということです。

知識そのものは、勉強すれば誰でも身につけられます。知識だけでは、意味がありません。重要なことは、その知識を、どうやって見識のレベルにまで高めていけるかということです。

逆説的ですが、そのためにはしっかりと学ぶことが重要ですね。理想を実現するための行動を意識しながら学んでいく、そうすることで、理想と知識が、結びついて見識になっていくわけです。

繰り返しますが、理想を実現しようとすると、必ず現実にぶつかります。障害といってもいいでしょう。空想や願望では障害にぶつかりません。現実を土台にするからこそ障害にぶつかり、そこから学ぶから、見識になるのです。

見識は、現実に根ざしていることからもわかるように、必ず何かしらの決断を含みます。理想へ向かって進むべき道を、決断するのが見識なのです。

しかし、安岡先生は、見識の上に、さらに高いレベルを要求してきます。見識では、様々なことを考えて決断まですする、しかし、そこから先、実際に実行するとなると、そこにまた大きなハードルが出てきます。この大きなハードルを乗り越えて、実行しろというわけです。

理想の実現には、常に大きなリスクが伴います。何かしらの障害が発生し、反対勢力に阻まれるような障害もあります。障害にぶつかったとき、ほとんどの人はそこで尻込みをしてしまいます。

それを乗り越えて実行するとなると、どれだけの人間的な強さが必要か想像もつきません。どうすればよいのかをわかっても、実際にそれをやるとなるとか、勇気や覚悟が必要です。見識に勇気が備わると、胆識になるというわけです。

人間学は、評論家になることを嫌い、行動し実践することを重んじるのです。

最後に、薩摩藩の教え、男の順序を紹介しましょう。
一、何かに挑戦し、成功した者
二、何かに挑戦し、失敗した者
三、自ら挑戦しなかったが、挑戦した人の手伝いをした者
四、何もしなかった者
五、何もしないで、批判をする者
六、何もしないで批判するだけではなく、足を引っ張る者

何かに挑戦し行動する人になりましょう。挑戦をしないならば、誰かの挑戦を応援する。それもできないのであれば、挑戦を評価する人になりましょう。

皆さんは、自分がどの段階かだと思いますか？

知命と立命―自分の心を究明し天に仕える

人物の四つ目の条件は、「知命と立命」です。またまた聞きなれない難しい言葉が続きますね。

知命とは、天がこの世に自分を生んだ理由、真の志を知ることです。

立命とは、真の「志」を立てて、自分を革新させながら人生を創造していくこと

です。

人間学の三つの目的のところでお話した人生目的の確立が、知命と立命ということになります。人間学は、この知命と立命に向かっていくわけです。

私達は皆、一人ひとりに自分だけの命が与えられています。いわゆる天命というものです。皆さんは、こういう話を聞いて、違和感を感じますか？

違和感を感じる人もいるでしょう。宗教の話はやめて欲しいという意見もあるかもしれませんね。人間学では、天や神の話をしますが、決して特定の神様を盲信するような宗教の話ではありません。

天命と聞くと、天の神様のお告げのようなイメージがあるかもしれませんが、哲学的に考えて追求するものです。そうすると次の二つの要素が出てきます。

一つ目は宿命的、つまり、天の計らいによって必然的に枠づけられている一面です。つまり先天的、生まれつきの要素です。もう一つは運命的といって、自分の人生の選択によって変化させていけるもので、決められた枠をはずしていく一面です。つまり、後天的な要素です。

自分の命は、宿命と運命の両方の観点から捉えることができます。生まれついての要素をしっかりと受け止めた上で、自分を変化・成長させて人生を創造することを「知命・立命」というのです。

では、自分がこの世に生まれてきた理由、自分の天命を理解するにはどうしたら良いでしょうか？　そのためにはまず「自分の心」を追求することが求められます。「心」の本質を突き止めることがヒントになります。

中国古典の『※二七孟子』の中に次の一節があります。

「その心を尽す者は、その性を知る、その性を知れば則ち天を知る」です。

その意味は、「自分の心を尽すと、心の本体がわかってくる、心の本体がわかってくると、天命がわかってくる、だから自分の心の中に、向かっていきなさい」ということです。

ではなぜ、自分の心を突き詰めると、自分の天命を理解できるのでしょうか。一

二七　中国の戦国時代に活躍しや儒教の思想家　孟子の逸話・問答の集成である。宋朝時代の儒学者朱熹は、『孟子』を儒教正典の四書に定める。

見すると、反対のことのように感じるかもしれません。
どんな学問でも、突き詰めていけば、すべては、天に通じるということなのです。特に霊性のある人間の心は、見えない世界、天と繫がっているといえます。

心というものを、突き詰めれば突き詰めるほど、天がなんとなくわかってきて、天の偉大さを覚え、天に仕える気持ちになってくるのです。
天という掴みどころのない存在を当たり前のように感じる人は、心を追求し尽くした人といえるでしょう。

また私は、この尽心というものを考える一つのヒントとして、松下幸之助さんの哲学、「素直な心」があるのではないかと考えています。

松下幸之助さんのいう「素直な心」とは、「捉われず、拘らず、偏らず」の三つの心であり、さらにいうと「自然の理法に則ることができる融通無碍《ゆうずうむげ》の心」だといいます。

自分はこうだ、こうするべきだ、自分の価値観はこれだというような思い込みを通さずに、あるがままに観察するのです。そして自分の心に問いかけていきます。そうすると、嘘偽りのない、無理をしていない本当の自分の姿が見えてきます。その本来の自分を土台にすることが、自分が成長する足がかりなのです。

次の段階になると、自分の日々の活動、努力する行為と、宇宙の働き、生成発展の一部になっているような感覚を持てます。その感覚を追求して、確信に至ることができたならば、それこそが、自分が目指すべき使命になります。

知命は、自分だけのものです。自分だけがわかっていれば良いのです。その実感は自分だけのものです。周囲の人が、とやかくいっても、関係なくなります。他人が、なんといっても自分の使命は変わりませんからね。

次は、立命です。立命のポイントは、次の三つです。主体性、感動、学問です。

主体性とは先述した、どんな時でも随所の主となれ、つまり主体性を持った主人公の意識を持つことです。

そして、主体的に行動する人間には、必ず感動がついてきます。人のご縁は、感動によって導かれて拡がっていくものです。そして最後は、学問ということですが、何に主体的になるのか、何に感動するのかということです。その対象こそ学問、つまり人間学になります。

それは、いかに生きるのかという求道です。

つまり人生の命題を意識しながら、生きるということです。人生の一切を自分ごとにしていくと、さまざまな出来事やご縁に感動があるものです。それが数珠のように連なっていきます。

しっかりと学んでいない、修養が足りないという人間では、自分の宿命に押し流されてしまいます。無知で無自覚な人間が、立命などできません。本気の学問によって、自分の人生を本気に生きるからこそ、はじめて自分の人生を創造できるようになっていくのです。

人間としての器―敵をも受け入れる包容力、対象物との一体化

人物とはどんな人間を指すのか、イメージできるようになってきたのではないでしょうか。かっこいいと思える人は、ずばり精神的なものを求めつつある証拠ですね。

人物は、宿命に流されず、自分の人生を創造していく強さのある人間です。次第に人生のステージも上がっていくわけです。

組織のリーダーとして人の上に立ち、敵対する人間との対決することに直面することもあるかもしれません。そういう修羅場で重要になってくるのが、人間としての器の大きさになります。

自分の好きなものや都合のいいものばかりではなく、価値観の合わないもの、敵対するものさえも受け入れるのが、器の大きな人物の特徴ですね。

人間の器というものは、まず、はじめに経験と知識を入れていくことで成長していきます。

器の大きさというものは、決して固定されたものではなく、入れれば入れるほど大きくなっていきます。器の小さい人は、自分の価値観にあわない考え方、自分の嫌いなもの、敵対するもの、人だけでなく、思想や学問、全てを拒絶してしまいます。

受け入れないものを見つけて排除してしまう理由は、それを受け入れてしまうと、心が分離してしまうのです。反発しあい、自分の中で生じる矛盾に押しつぶされてしまうのです。

器の大きい人の心は、宇宙のようにどこまでも広いといえるかもしれません。器は、大きくなればなるほど、柔軟になっていきます。その柔軟さが、価値観の合わないものや、敵対する相手を包み込むわけです。

素直な心で説明した、融通無碍の境地といえるかもしれません。わかりやすくいうと、なんの拘りもとらわれもなく自由でのびのびとしていることです。人生の達人クラスになると、どんな時でも自然体でいられるということですね。

例えば、「敬天愛人」を唱えた明治維新の立役者西郷隆盛、京セラの稲盛和夫さんなどは、自分を包み込んでいる、天の存在とも一体化していると感じさせます。天が自分を包み込んでいるのか、自分の心が天を包み込んでいるのかわからない、そんな境地に到達しているのではないかと思います。

人物といえる人は、敵対する人さえも受け入れ、相手と一体化できるような限りなく柔軟な器を持っています。そういう人間だから、人々を導くような、世の中を良くするような大きな仕事を成し遂げられるのかもしれません。

機を掴む―徳慧がもたらす直観力

人物は、運命に立ち向かい人生を創造すると話しました。そのために必要な要素が、最後の人物の条件になります。

人生を創造させるものが、何かというと、それは「機」です。わかりやすくいうとチャンスを掴むことです。古今東西の英雄豪傑たちは、この機を掴むことで、人生を飛躍させているのが特徴です。

それでは、機とはなんでしょうか。これを掴めば、流れを大きく変えることができ、人生を創造し、大きく飛躍させることができるものです。

機は、ぼんやりと生きていれば、そよ風のように現れて、泡沫のように消えていくのです。

安岡正篤先生の著書である『知命と立命―人間学講話』（プレジデント社）の中には、このように書かれてあります。

「人間のみならず自然もすべて「機」に満ちている。すべて「機」によって動いていると言ってもよろしい。（中略）機というのは「つぼ」とか勘どころとかいうものであって、その一点ですべてに響くような一点を「機」という」、つまり鍼灸のように、人間の経絡に鍼を打てば身体に効くというツボが、自然、人間、社会の中に溢れているということでのようです。

この考え方は、「複雑系」といわれる学問に似ています。複雑系というのは、相互に関連する複数の要因が合わさって全体が構成されているが、全体の動きは、個々の要因や部分からは明らかでないようなものをいいます。

例えば、人間の肉体です。いろいろな臓器があって、有機的に繋がって構成されています。体のツボを押すと体の疲れている箇所に効いてくるといった具合です。自然も人間社会も「風が吹けば桶屋が儲かる」というように見えない因果関係、相関関係で繋がっているのです。

機を読むとか、機を掴むというのは、この複雑系の世界において、物事の流れを変えるようなツボを活用できるということです。

そしてこの目に見えない機を、どうやって見極めるのかというと、「直観力」を使うというのです。人物は、本質を見抜く直感力を持っているのです。

　では、この直観力を、どうやって身につけるのかというと、智慧を身につけることと、つまり、学問を通して、心や精神をみがき、また人生経験を積んで「徳慧」を身につけることで発揮できるようになるといいます。

　徳慧とは、真理や天の道理を見極める智慧といえばよいでしょうか。計算力があるといった頭の良さではなく、真理を直感的に理解するような力です。このような力を使って、機を読むというのです。

　人物は、この徳慧《とくけい》から生まれる直観力で、機を読んで、機を掴み、人生を飛躍させていくのです。

図１２ 人物の条件（第2章）

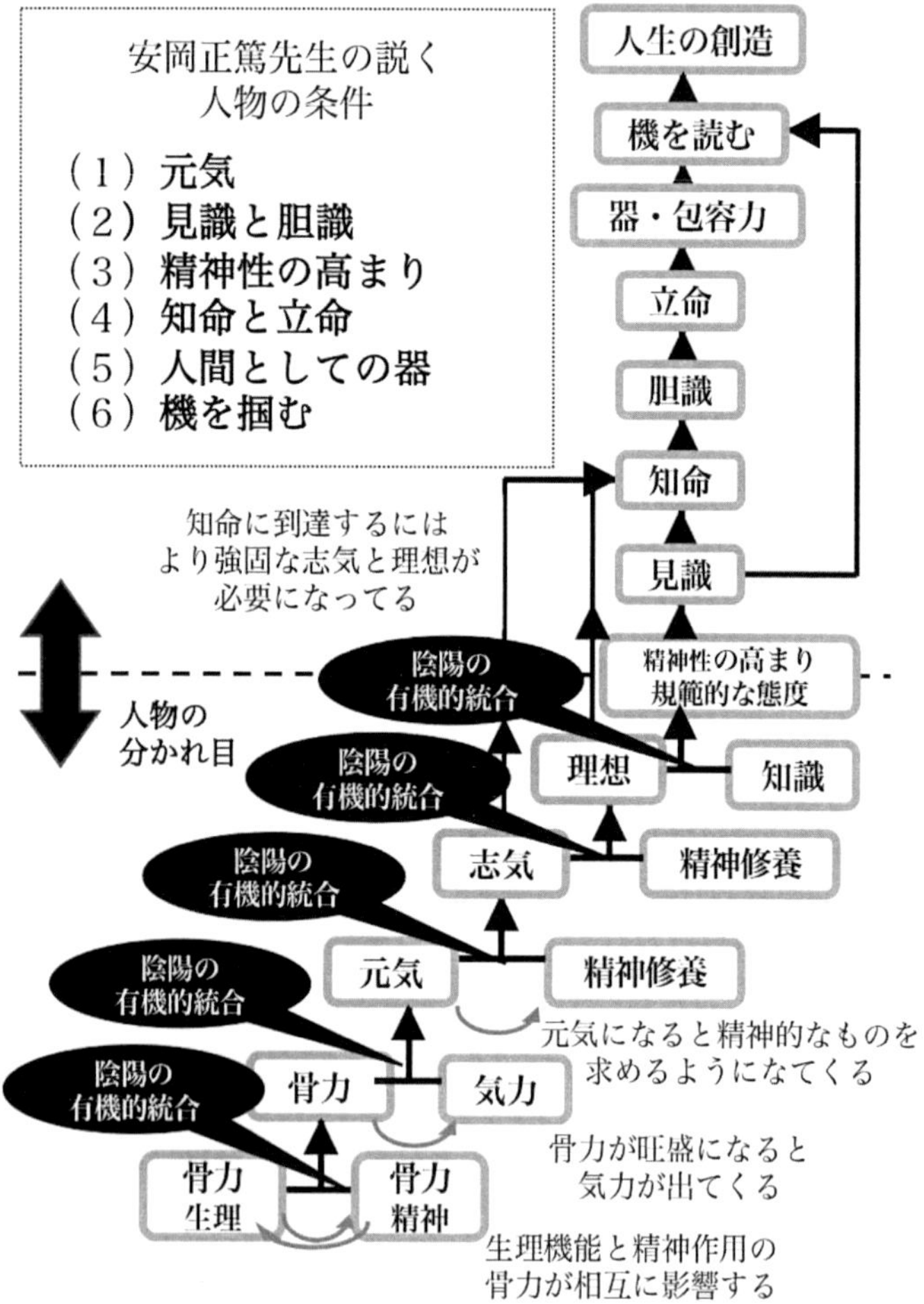
安岡正篤先生の説く
人物の条件
（１）元気
（２）見識と胆識
（３）精神性の高まり
（４）知命と立命
（５）人間としての器
（６）機を掴む
人生の創造
機を読む
器・包容力
立命
胆識
知命
見識
知命に到達するには
より強固な志気と理想が
必要になってる
精神性の高まり
規範的な態度
陰陽の
有機的統合
人物の
分かれ目
理想
知識
陰陽の
有機的統合
志気
精神修養
陰陽の
有機的統合
元気
精神修養
陰陽の
有機的統合
元気になると精神的なものを
求めるようになてくる
陰陽の
有機的統合
骨力
気力
骨力が旺盛になると
気力が出てくる
骨力
生理
骨力
精神
生理機能と精神作用の
骨力が相互に影響する

第三章　人物に成るための実践的手順

1　スタートラインの前段、心に火をつける

心身虚弱、根性のひん曲がり、コップレックスの塊だった

皆さん、ここで一旦、深呼吸をしましょう。

「人物」という立派な人間になるには、聞いたこともないような条件を突きつけられてしまったわけですが…感想はいかがですか？

「人物」は、なんでも受け入れる器がありますから、まずは「人間学」とか、「人物」というものを、自分の器の中に受け入れてみようと、頑張って欲しいと思います。

ここからは、「人間学」を通して「人物」になるためには、どのような手順をふむのか、具体的にどのような気づきや実践が必要なのか、私の実体験をもとに解説していきたいと思います。

今から話すことは、実践編です。皆さんは、もし自分だったらという視点をもって聞いてください。「人間学」の要点は「主体性」ですよ。

もし皆さんが、今、「人間学なんて無理だ、人物なんて、そんなものを目指さなく

たって生きていける、関係ない」という気持ちになっている人が、もしこの中にいるならば、ここからの話は参考になるかもしれません。
　何故ならば、私という人間は、人間学とか、人物なんて、とても無理な青年だったからです。

　私の十代は、心身ともに虚弱体質、今でもそうですが、当時は身長が175㎝で45㎏の体で、心身ともに貧弱でありました。食も細く、食べ過ぎるとすぐに体調が悪くなりました。すぐに風邪を引く、血液成分が足りないといって検査に呼ばれる、過敏性腸症候群に苦しんでいて、授業の一限目は、いつもお腹が痛くなって、トイレに駆け込んでしまう、あがり症で、人前に立つと緊張で震えてしまう、そんな若者でした。

　人生に対する目標もなく、親から叱られたくないという理由だけで勉強していました。もちろん、そんな取り組み方では集中力もなく、大して成果も出せません。ただただ流されているだけでした。指導してくれる先生や先輩の存在もいません。自分の人生の目的など考えたことすらありませんでした。

　実は私は、高校生の時に、同じ学校の不良に目をつけられるトラブルに巻き込まれたことがあります。その出来事のせいで、私は、心をねじ曲げてしまいました。

なぜならば、弱いものいじめをするような不良に恋人がいて、青春を謳歌して楽しんでいる姿に腹が立ったからです。

世の中、間違っている！　という感情が、常に自分の心の中にありました。

また、自分に自信がないものですから、これ以上、自分を傷つけたくない、自分を嫌いになりたくないという逃げ根性から、主体的に行動することを避けていました。これ以上、惨めな気持ち、負い目を感じたくないという理由から、積極的な関わりを避けて、自分の殻に閉じこもっていました。


二十代の前半、私は漫画家とか映像のクリエーターになりたいという夢があったのですが、夢を追うといいつつ、引きこもっておりました。友達が、社会人になる中で自分だけが引きこもっておりましたから、どんどん取り残されていって自信を失っていきました。


二十五歳の時にようやく社会人になりました。投資不動産の営業マンです。

今風にいえばブラック企業かもしれません。二十五歳まで働いたことがない人間の初就職です。選り好みできるほど、何かを持っているわけではありません、受かっただけでも、感謝しなければなりません。ただ頑張るだけでした。

さて、皆さん、ここで思い出してみてください、人物の条件の一つ目は、何でしたでしょうか？「元気」でしたね。

私はですね、十歳くらいから二十五歳くらいまで、本当に、元気がありませんでした。こんな私が、この後どうやって、元気になって、人間学を志すようになって、今皆さんを前にして、このような話ができるようになったのかについて、その理由をお話させてください。

心も身体も弱い。コンプレックスやトラウマに苦しみ、心がひねくれるというのは、何も私だけの話ではありませんよね。

戦後の教育は、個性や適性を無視した知識の詰め込み型の教育といえます。自分の国や歴史を尊重しないので、自分が何者かも分かりません。根無し草といえるかもしれませんね。もちろん、自分の道を発見できませんし、心を病むような若者が戦前と比較して増大しています。

現代は、両親をはじめ、学校の先生も、大人の誰もが、人としてどのように生きるべきかを本気で考えているといえない状況です。子供たちが悩んでも、その悩みに応える力を持っていないのです。

大人たちが、生きる意味を考えていなければ、必然的に子供たちも生きる意味を考えないまま、大人になっていると、いえるかもしれません。それが、そのまま私でした。

日本の若者の特徴は、諸外国と比較して、幸福感が低いということだけではなく、自主性がない、自分の頭で考えられないということがあるのではないかと思います。それはつまり、日本人全員による人間学の欠如が理由です。

私は、親にいわれるままに学校に行く、人生の目的を考えないまま、進路や受験、就職などがあり、自分の力で道を切り開くなんて、とてもとても無理な話でした。

心を曲げてしまう理由

自分に自信がない、コップレックスがある、失敗や挫折をしたトラウマがある、そうするとあらゆることから逃げる癖がついてしまいます。逃げるということが当たり前になってしまうと、人間の心は、悲しいことに、どんどんひん曲がっていきます。

心が、ひん曲がってしまうと、物事の捉え方が、卑屈になります。卑屈になると、あらゆることの捉え方が、ネガティブで暗くなってしまいます。

そうすると人生は、自分の心の通りになっていくという法則からも、良い出来事がなくなっていくわけで、どうして自分だけがと世の中を恨み、厭世的になっていく…もうね、びっくりするくらい、ドツボにはまっていくわけです。

こういう状況は、確実に心身の健康にも影響を与えることになりますね。

そしてさらに辛いのは、自分に悪影響を与えるような人を、自分の周りに集めてしまうのです。友人だったり、会社だったり、人によって違いますが、自分のレベルや状況に合った人を、自分の周囲に集めてしまうわけですね。

一度そういう状況になると、その状況から抜け出すことが難しいのです。成長意欲の高いもの同士が集まれば、切磋琢磨して成長しますが、ネガティブな悪循環に陥りますね。心に弱さを抱えていて寂しいから、弱さをわかってくれる人たちと互いに依存をしあうのです。私もそんな若者だったのです。

しかし、どんな人間にも人生を変える転機というものがあるのですね。その転機を生かしたから、今の私があるのです。転機は、皆さんにも、必ずあります。転機を生かすには、心を曇らせずにしっかりと日々を生きることですね。

魂に火をつける

私は、二十五歳の時、投資不動産の営業マンとして働いていたとお話ししましたね。

私は、本当にダメ人間でして、入社当日、上司に頼まれたコピーすらできない、電話にも出ることもできない。上司には、まったく使い物にならないと呆れられてしまいました。おそらく入社して1週間くらいでしょうか、直属の上司に応接室に呼び出されて、クビを宣告されたのです。

突然のクビの宣告です。あまりの衝撃、悔しさと悲しさ、そして不安でいっぱいになりました。涙が溢れてしまいました。やっと就職して、親を安心させたと思ったら、その束の間、クビになったと知らせたら悲しませてしまうと思ったのです。人生で一番、必死になった時です。私は上司にしがみついて懇願しました。頑張りますから、クビにしないでください！　と、そして、少しの猶予をもらったのです。

そこから私は、ガムシャラに仕事に取り組んでいきます。そうしたら、なんと不思議なことに、同期の中で一番初めに契約を出すことができたのです。不動産の契約ですので、何百万円の利益を作ることができました。はじめて成果を出しました。はじめて逃げないという経験ができました。この経験のおかげで、心を真っ直ぐにすることができたのです。

そこから私は、仕事に対して本気になりました。火がついたのです。人間が変わるためには、心に火がつくことが重要です。そのきっかけが何であれです。私はクビを宣告した上司を感謝しています。クビという言葉で、私は奮起できたのです。もしクビを宣告されたときに、冷めた心で、そんなもんだよなと諦めてしまっていたら、逃げ癖が悪化して、今の私はなかったと思います。

なぜ、このような話を最初にさせていただいたのかというと、このような私でも成長できたことを知って欲しかったのです。この頃の私は、中国古典の存在も、人間学の存在も知りません。

少しだけ元気になった、就職して初めて成果を出したといっても、まだまだ、ひよっこです。まだまだ人物を目指せるレベルではありません。

人間が意欲を持って主体的に生きる、ずっとずっと前の段階の話です。ダメダメな人間、弱々の人間、環境に恵まれていない人間、そして他責にして逃げている人間。そういう人間でも変われると思います。

そして。最初の一歩というものが、どんな人にもあるということを、心に覚えておいて欲しいですね。皆さんは、最初の一歩を歩んでいますか？　もしこれからなら、一緒に踏み出しましょう！

取るに足らない人間を取るに足らないとして、最初の一歩をバカにするような人間にはなってはいけませんよ。この最初の一歩を大切にできなければ、次の一歩はありません。どんな時でも、どんなに年を取っても、私たちは、謙虚に次の一歩を踏まないと前に進めません。

一歩の歩みを、踏み出す勇気をバカにしてしまうと、成長することができなくなってしまいます。

2　善根開発と感性の正常化が、元気を呼び起こす

骨力を養う方法

安岡正篤先生のいう人物の最初の条件は、元気であることでしたね。元気といっても、気分やコンディションに左右されることのない本物の元気ということです。

そこで、この本物の元気になるために、「気力」と「骨力」の二つが重要であることもお話ししましたよね。

この二つの整え方を、私の経験から説明したいと思います。

骨力とは、人間の骨の奥底で、「生理的な機能」と「精神性を生み出す作用」の両方が働いているといいましたね。骨力が旺盛になってくると、精神的な力である「気力」も湧いてきます。そして、骨力と気力の両方が旺盛になって、それらが有機的に統合すると、元気になってくるという理屈です。

では、この骨力という掴みどころのない力を旺盛にするには、どうすれば良いのでしょうか。私の経験から解説したいと思います。

私はというと、二十五歳で社会人になる前までは、心身ともに虚弱体質であり、考え方もネガティブそのものでした。しかし、社会人になって数年、人間学を学ぶようになって、いろいろなことにチャレンジできるように変化しました。虚弱体質を自認していた私が、元気になったのです。

なぜ、私が元気になったのか、それには二つの理由があったと思います。

一つは、「善根開発《ぜんこんかいはつ》」というものです。善根開発とは、自分の心の奥底で、善い部分を発見し育てることです。日本経営道協会の市川覚峯先生に教えていただきました。

もう一つは、「感性の正常化」、芳村思風先生の感性論哲学から学んだ内容ですが、人間の感じる力、感性を正常化させるということです。

この二つに取り組んでいたおかげで、私はさまざまなことに、自分から求めていくことができるようになったのです。

安岡先生の著書を読んでも、さすがに私のような段階の低い人間を想定していません。元気から程遠い人間で、心身ともに虚弱体質だった私が、元気になるような方法を懇切丁寧に書かれていないわけです。

わかることは、陰陽相対理論を使って、骨の奥底で、陰と陽を有機統合することです。

難解な上に、抽象度が高すぎて、よくわからないわけです。しかし、いろいろと経験し、その上で学んでいくと、骨力を活性化させるためには、精神的な働きかけが、重要だったと気がついたのです。

それが、善根開発と感性の正常化です。

この二つが整うと、性格が明るくなってきます。骨力が整ってきて、自然と気力が出てくるのです。私に元気になる条件が整いはじめてきました。

骨力が整い、気力が出てくると、人並みに仕事ができる、人並みに頑張れる。そうすると健康になってきます。元気にもなってきます。いつのまにか、私は、精神的なものを求めはじめていました。

人物を目指すための下地ができてきたのです。

自分の善根を自分で開発する

善根開発について、もう少し詳しく説明しますね。善根開発とは、自分でさえも気がついていないような…心の根っこの善い部分を発見し、光を当てて、あなたはこんなに素晴らしい特性があるのだ、世の中に貢献できる強みがあるのだと気付かせて、自信と勇気を与えて導いていくことです。

部下や後輩、子供などに、善根開発を施すことは、その人の素質を開花させ、幸せに導いてあげる上でも、とても重要なことですね。

人間は意識しないと、人間を表面だけを見て判断してしまいます。仕事の物覚えがいいとか、役に立つとかどうかといった、本来どうでも良いことをすべてであるように考えてしまいます。

しかし、本当に大切なのは、仕事の働きなどは関係なく、その人の持つ美点ですよね。もし本人が、それに気がついていないのならば、その素晴らしい部分に気付かせてあげる。そうすれば、仕事で成果を出し、組織に貢献できるではありませんか。こういったことを先輩から受けた恩として後輩に返していく、そういうことを組織の文化にできると素晴らしい会社になりますね。

それでは私が、どのようにして善根開発を、自分に施したのかというと、心の栄養になるような本、良書を繰り返し読んだということです。非常に簡単ですが、とても大切です。

平易な言葉、優しい言葉で書かれていて、理解しやすく、正しいとわかるもの、本質的なもの、心が綺麗になるもの、美しさを感じさせるもの、このような本を繰り返し読むと少しずつ善根が開発させてくれます。

私の場合は、松下幸之助さんの本でした。松下幸之助さんの本は、小学生でもわかるくらい平易に書かれてあり、人生や仕事においての本質、この世界や人間や営みの原理原則が書かれていると思うのです。

例えば、『道を拓く』『商売心得手帳』『素直な心になるために』などです。松下幸之助さんの本は、やろうと思えば誰でもできるありふれた内容ですから、自分の中にある美点を見つけ善根が開発されると思います。

中国古典の『大学』は、ちょっと難しいですが、この本も善根を開発するのに役立つと思います。『大学』を素読することで、少年院に入った子供達を更生させるといった取り組みをしている団体もあったりします。

人間は、初めに学んだ知識の影響を強く受けるといいます。だから、私の場合、あまり勉強していなかったのが、逆に良かったといえますね。

乾いた雑巾に水が染み渡るように、松下幸之助さんの教えが、自分の中に入ってきました。松下幸之助さんが、心の中に存在するようになったのです。このことがどれだけ私の心を救ったのかわかりません。

感性の正常化

もう一つは、感性を正常化させるということでしたね。ここで説明する感性は、一般的な感性とは違います、芳村思風先生の感性論哲学の考え方を使うので、少し注意してください。

感性論哲学とは、感性が生命の本質であるとする日本初の新しい哲学です。私は、東洋思想の考え方を論理的に体系化していて、さらに進化させている驚くべき哲学だと思っています。人間の本質が感性であるという考え方をベースに、人間が幸せに生きる方法、人類が進化する方法を教えてくれます。

感性論哲学では、人間は、感性を媒介にしながら、肉体と精神が、有機的に統合していると述べています。安岡正篤先生の陰陽相対理論と一致しますね。

従来の哲学や科学は、肉体と精神を分解して考えますが、感性論哲学では、有機的に統合されるとする、その媒介こそが、感性だというのです。

そして、その感性が何なのかというと、人間の本能、感覚、欲求、感情、感受性の五つだといい、一般的な感性を指す感受性は、その一部にすぎないとしています。感性の本質は、自ら積極的に、何らかの刺激を感じに向かうという求感性《ぐかんせい》というものになります。そして、求感性には、調和、合理、統合の三つの作用があります。動植物などの生命も、宇宙や自然の働きなどあらゆることは、求感性によるものだといえるわけです。

感性の正常化に話を戻りましょう。

感性が正常化するということは、自ら求めていくと働きが、正常化し、活発化するということです。つまり自分から様々なことに興味を持ち、チャレンジしていけるようになることといえます。

現在の日本は、色々なことに興味を持ち、チャレンジする人が少ないようですが、それはつまり、感性が正常に機能していないのかもしれません。

そして、この感性論哲学では、感性を発達させる方法を解説してくれているのも特筆です。感性の本質は、自ら求める求感性ですから、映画や音楽といった芸術に触れるといった方法では、感性を育てられないそうです。
感性を育てる方法は、物事の良さや価値を勉強し、理解した上で、物事の意味や価値について考えて、自分の中で良いという実感を持つことこそが、感性を育てることであるというのです。

知識を学び、意味を考えて理解する、そして実感する。そうすると、感性が育つということです。この理論を学んで、なぜ私の感性が正常化したのか、その理由がわかりました。

私の場合、松下幸之助さんの考え方をインプットし、どのような働き方や生き方が素晴らしいのかを理解し、自分で少しずつ実行することで、それが素晴らしいと実感できたからです。

松下幸之助さんの本は、わかりやすくありふれた内容なのですが、いつの時代にも通用する原理原則といえます。そういう本を最初にインプットすることで、自分の基準にすることが、実はすごく大切なのです。

私は、虚弱体質だったとお伝えしましたね。そんな私は、善根開発と感性の正常化を、知らず識らず行っていたことで、精神を整えて肉体の生理機能にも良い影響を与えていたのですね。元気になっていきました。

骨力が旺盛になり、気力、元気が出てくると、何事にもチャレンジするバイタリティが出てきます。集中力も高まり、以前の私よりもはるかに頑張れる力がついていきました。自分に自信がついてきて、もっともっと成果を出したい、活躍したいと思うようにもなったのです。

そこから私は、ビジネススクールに通いはじめ、知識を磨き、二十八歳の時には、知人と一緒に起業するところまで、活動的な人間になることができました。

安岡先生が、おっしゃる通り、元気がすべてです。

元気があれば、何事も進んでいきますね。私の人生は、大きく動いていくことになりました。

図１３ 骨力を旺盛にする方法（第3章-2）

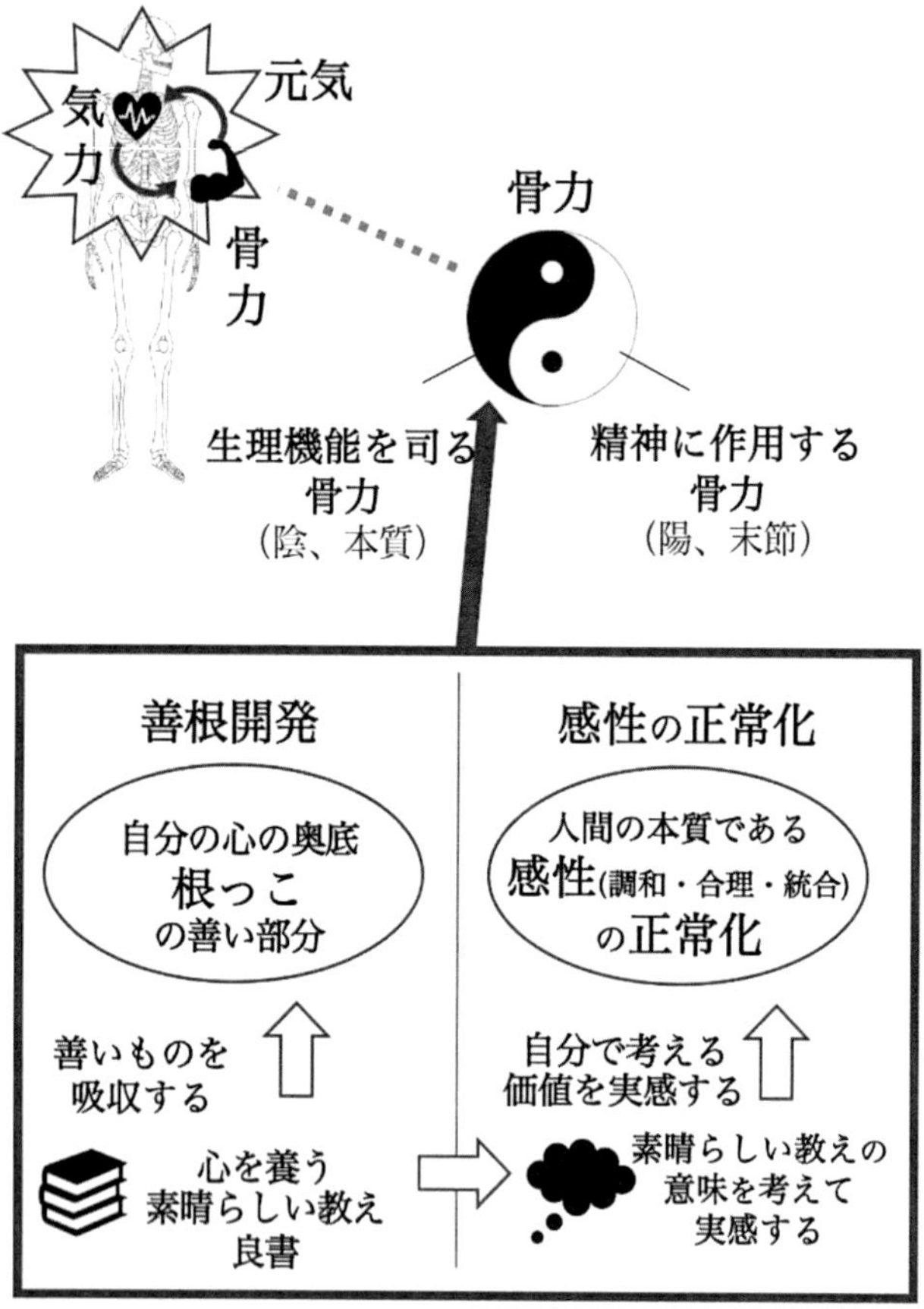

3　内省と自我の発達レベル

内省が精神を涵養する

もっとも大切なことは、元気である。元気があればなんでもできるといったら、アントニオ猪木さんを思い出しますね。

そういうわけで、皆さんは、元気ですか？

これから、元気になったその先についてお話をするのですが、元気だといい切れる人は、少ないかもしれませんね。

元気は元気でも、ちょっとやそこらのことではぐらつかない、体の奥底から湧いて出て止まることの知らない元気のことを、志気と呼ぶといいましたね。志気は、自分の中で精神的な面に裏付けがあると出てきます。

肉体的な元気を、すでに持っている人もいると思います。体は頑丈なのだけど精神的に弱く、何かあると滅入ってしまう、萎えてしまう。これらは、まだ志気のレベルには到達してないという人です。

そういう体だけの元気を、精神性を兼ね備えた志気のレベルにまで高めるためには必要なことをお話しします。

それはズバリ、「内省」です。松下幸之助さんの言葉では、「自己観照」といいます。つまり、自分の心の奥底に光を当てて徹見するのです。これらによって、自分の中に、精神的な裏付けを作っていくのです。

精神的な裏付けとは、自分の心の働きや姿を自覚して、それを根拠にしていくことです。人間は、自分の心すら上手にコントロールすることができません。雑念が次から次に生まれてきて、過去や未来のことに気を取られ心配をしてしまいます。そして空想の世界で快楽を得てしまうものです。

内省を上手に行うコツは、自分のことを否定的に考えることだと思っています。クリティカルシンキングについては前述しました。自分に欠点があって当たり前、何かしらの罪を犯しているという前提に立つことだと思います。事実を事実としてみれば、欠点や罪がないといえないこともあるかもしれませんが、否定的に見ようとすれば、良いことの裏側にある悪いことにも気がつくことができます。良いことをしていても、そのことが原因で誰かを困らせていることだってありえます。そういう視点で、自分の良いところも悪いところも自覚していくことが大切です。例えば、私の場合、人の気持ちを察することが得意でありながら、人の気持ちに気付くことが苦手で空気を読めない一面もあることを自覚しています。

内省を通して、自分の心のあり様を自覚し、その実感を得て納得し、確信に変えていく。これらの一連の流れが、精神的な強さの裏付けになります。

私は、三十代の前半、習慣的に内省を取り組んでいました。今思うと穴だらけで、落とし穴に落ちてしまうこともありましたが、内省を習慣化したことで、自分を客観視する力がついてきたと思います。

ただ、やってみるとわかるのですが、内省に取り組んだからといって、簡単に自分がわかるものではありません。内省、座禅、瞑想という類の修養は、頭でするものではなく、心や感性でするものですから、精神性が身についていない段階では効果は出てきにくいわけです。

左脳的といいますか、頭の回転が良い場合、内省を理性だけでやってしまいますが、人を成長させる気づきは、理性からは出てきません。心を使って考えて、自分を得るわけです。

これでいいのだろうか、自分よ、お前はどう感じているのかという問いの中から、それでいいよ、本当は苦しいのだな…というような感覚の先に、真実が隠れていると思います。

そうなると自分の中で会話ができますね。

魂で感じあうような会話として、それができてきます。つまり、自分を偽らなくなります。

人間は、自分に対してすら、簡単に偽ってしまいますから、偽らないで自分と会話ができるというだけでも、相当なレベルまで精神が成長しているといえると思います。

自我の発達レベル

内省は、自分の精神を磨くための重要な習慣になりますね。

内省の実力が、そのまま人生を創っていく力といっても過言ではありません。

ですから、もう少し内省のお話をさせてください。
内省のやり方を、もう少し科学的に掘り下げていきたいと思います。それは、自分の立場、相手の立場、第三者の立場を区別して考えるということです。これをするためには、自分の外から自分を見ることが求められます。

例えるならば、幽体離脱をした霊魂が、自分の肉体を見つめるようなイメージです。その時の霊魂の立場が、自分なのか、相手なのか、第三者なのかによって、問いの中身が変わってきます。

その霊魂が、自分であれば、もっとどんどん行けよというかもしれないし、相手の立場であれば、非常に迷惑だなという気づきを得られるかもしれない、第三者の立場であればバカバカしいことで争って恥ずかしいというような視点を見つけられるかもしれません。

内省に慣れていない人は、自分、相手、第三者の視点を使い分けることが難しいかもしれません。自分の視点から離れることができないと、相手の立場に立って考えることができず、視野が広がりません。

自分の立場しか考えられないと、自分勝手な言動をして人に迷惑をかける可能性がありますし、相手の立場で考える人は、相手の立場を優先しすぎると、相手に引きずられてしまう可能性もあります。第三者の立場の場合、客観的に問題を見つめられるかわりに、物事を他人事にしてしまうという弊害があったりします。

心の使い方には、このように一長一短があるため、状況に応じて使いこなすことが大切ですね。それぞれの心の使い方は、積み重ねながら発達していくそうです。自分目線をクリアしたら、次は相手目線、相手目線をクリアしたら、次は第三者目線というように成長していきます。

一、二、三人称の自我で内省する

自分、相手、第三者、様々な立場を使って、内省をしていくことをお伝えしました。

これは言葉では説明できるのですが、実践するとなると大変なのです。というのは、二人称、三人称の視点で、自分に向けて問いを発するといってもですね、言葉でいうのは簡単ですが、実行することが本当に難しいのです。

なぜならば、基本的に人間というものは、自分の立場から離れられないからです。相手の立場に立つといっても、それは想像の延長でしかありません。

あるアフリカの部族の青年、大人として認めてもらうための試験が控えているという状況があるとします。

その青年の気持や状況を理解することができるのかというと、理解するのは難しいと思うのです。想像するだけですよね。人間は、自分の「知識」や「経験」を超えた問いを発することができません。だから、アフリカの青年の気持ちになって考えるということは、理論的にはできないのです。

では、どうするのかというと、学びや経験で得たことを、自分ごとに変換するのです。変換するためには、人生経験が豊かであることが求められます。

例えば、受験勉強や就職活動で、緊張してしまった経験、部活動で本気になって練習した経験、苦労したことや嬉しかったことなど…そういった経験を、自分の中に持つことができると、アフリカの部族の青年の気持ちを、自分の経験に置き換えて、表現できるようになってくるわけですね。

だから、様々なことを学び経験して、吸収していくことがとても大切になるのです。吸収している経験が多ければ多いほど、相手の立場や第三者の立場になるための材料が増えてきますね。人生の中で、様々な経験をする、それはつまり喜怒哀楽の感情を経験していくということです。それはかけがえない財産になります。

ただし、自分の経験を絶対視することに気をつけてください。経験が増えると、わかったつもりになってしまい、自分の考えを絶対視して、結果的に相手の視点に立たないということになります。これは自分にとっても相手にとっても良いことがありませんね。

もう一つ、人物を目指す上で、自分ごとにしていかなければならないことがあります。

それは多くの国民や従業員の生殺与奪の権を持っているリーダーの心の内を学ぶことです。これは自分の経験だけでは、容易に自分ごとにはできません。

一国の総理大臣や多くの従業員の生活を守る経営者、そういうリーダーの心になって、内省できるようにならないと、組織の責任者といった立場になったときに、迷ってしまうことになりますね。

そういう責任の重いリーダーの心を自分ごとにするような学びをしなければならないわけです。そこで役に立つのが、中国古典や歴史といった人間学です。人間学なきリーダーは、重い責任を想定するようなトレーニングが絶対的に欠けてしまいます。

リーダーになって失敗する人は、責任のあるリーダーを自分ごとにする訓練をしないままリーダーになってしまうからなのです。リーダーの自覚は、リーダーになってから、実戦で身につけるようでは遅すぎます。リーダーになる前に身に付ける努力をしないと間にあいません。

内省は、その行為そのものが、精神性の現れであり、素晴らしいものです。是非、皆さんも、内省を習慣にして、自分の中で精神的なものを求めていってください。

あるがままの自分を見つめられるようになったとき、心の成長が加速していきますよ。

図１４ 内省とは（第3章-3）

内省とは、
自分のあり様を理解し、裏付けを得ること

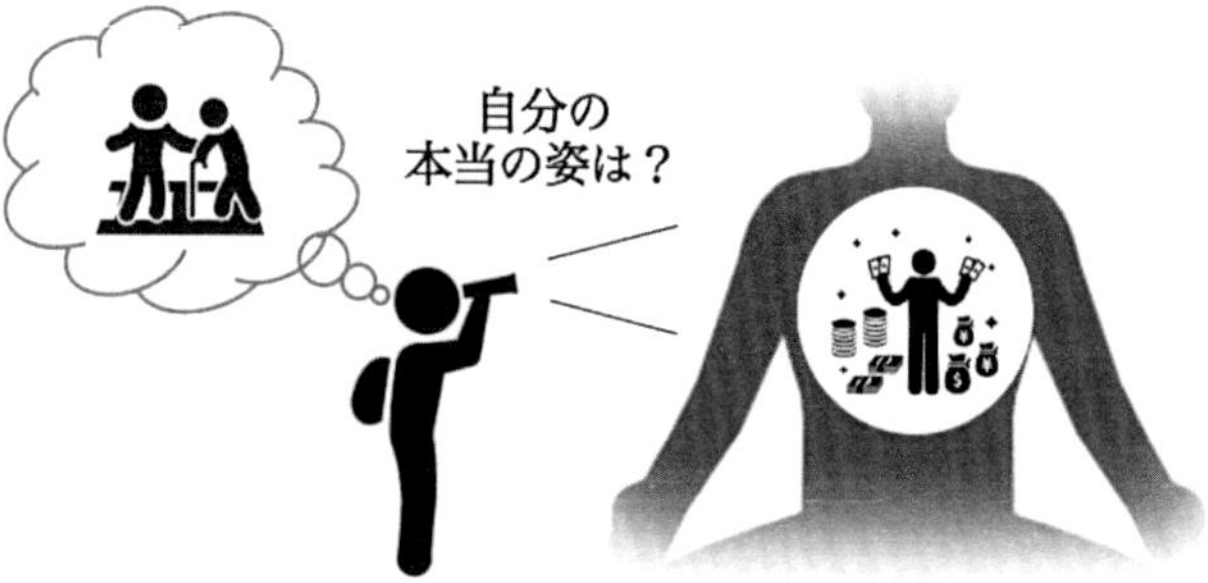

図１５自我の発達レベル（第3章-3）

自我とは、
外から自分を見つめる自分のこと

自我が発達してくると、
相手や第3者の立場に見れるようになってくる

4　志気に立つ、規範的な態度

志気に立つ

内省を繰り返し、精神性が高まってきました。この精神性を纏った元気を、志気といい、この志気を旺盛にすることを、「志気に立つ」といいます。

それでは次のステップである志気に立つに進みましょう。

これまで話したように、様々な経験をする、学びも深くなっていく、気力も充実してくる、そうするとよしやるぞ！　という衝動が湧いてきます。

もしかすると今、皆さんの中でも、そういう衝動に駆り立てられるように、勉強など目標に邁進している人もいるかもしれませんね。その衝動がとても大事です。

しかしながら、その衝動が、本物の志気であるかどうかは、容易に判断できません。調子に乗ってしまっている場合もあるからです。

三十代の前半、私は、会社を立ち上げて、成功してやるぞと燃えておりました。習慣的に、人間学を学び、ビジネススクールなどにも通って、深夜までハードワークをする、まさに怖いものがありませんでした。

そんな風に頑張っても、世の中は、簡単ではありません。というのは、五年も経たないうちに会社をダメにしてしまったのです。

その原因は、人間を学んでいなかったことです。

他人を利用して甘い汁を吸うような人を入社させてしまい、洗脳されて、支配されてしまったのです。そういう人間に振り回されて、心身をすり減らして倒れてしまいました。

パワハラやモラハラで虐待され、お金も騙し取られて、経済的にも苦境に立ちましたが、何よりもダメージが大きかったのは、自分の精神性を傷つけたことです。もちろん、そんな状態では経営も続けられなくなり、会社を手放してしまいました。

私は、人生のどん底に落ちていきました。鬱病になり、出かけた先で倒れて動けなくなるようなこともありました、普段、偉そうなことをいっていても、苦しくなったら、恥も外聞も無くしてしまいました。

私は「人間学」を学んでいましたので、自分のことも、人間全般のことも、よく理解していると自負していました。しかし、実際は、見るかげもありませんでした。

何を学んでいたのだろう、もう人間学を学んでいるなんて恥ずかしくていえないと自分に幻滅してしまいました。自分を支えていたものが、ガラガラと崩れていく感覚に陥りました。

心の中にいた松下幸之助さんは、いつの間にかいなくなってしまいました。

全能感や奢りを志気と間違えてはいけない

人間というものは、調子に乗っている自分の姿や、驕り高ぶっている自分の姿を冷静に観ることはできないものです。

これをダニング＝クルーガー効果というと前述していますが、私は、人間学を学ぶことで、自分のことをすごい人間であるという間違った認識、を持ってしまったのです。

ダニング＝クルーガー効果は、能力の低い人間が、少しの努力で成長を感じると陥ってしまうようです。私の場合、人間学を学びはじめて五年が経過し、ある程度、形になってきていると思いはじめた頃でした。

私の不幸は、すべて独学でしていたことです。今のように師匠の存在があれば、それが奢りであると教えてもらえたかもしれません。当時の私は、師匠を求めるという意識すらなく、このまま極められると増長していました。

志気に立つためには、二つの条件が必要になります。一つ目は、自分の命から湧き出てくる欲求であるかどうか、二つ目は、謙虚な姿勢を持っているかどうか、この二つです。

これらがなければ、人物の条件の次のステップである健全な理想が湧き上きません。健全な理想は、自分だけがという欲望を捨て去っていなければなりませんので、謙虚さや自分への戒めを持てるかどうかがポイントになるのです。

中国明代の思想家、※二八王陽明の言葉に「人生の大病は、傲の一字に尽きる」が

二八　一四七二年～一五二九年。中国明代の儒学者・思想家・高級官僚・武将。思想家として当時の朱子学に対して批判的であり更に発展させた。聖人になるにあたり朱熹とは格物致知への解釈が異なり、書物（四書五経を代表とする）を通し物事を窮めることによって理を得ていくのではなく、理は元来より自分自身に備わっており物事の探究の結果得られるものではないとし、陽明学を起こした。

あります。人生の中で最も大きな間違いは、傲慢であるという意味です。傲慢な態度が、当たり前になってくると、どんどん周囲が見えなくなりますし、自分自身も見えなくなっていきます。自分の間違った姿に気がつけなくなるのです。

だから、傲慢な人間は、いつか必ず転倒するといえます。それが早いか遅いかの違いはあるかもしれませんが、傲慢さは夏の雑草のように、上り調子の時にはどんどん生え広がっていきます。そして、自分のためになる厳しいことをいってくれる、本当に必要な人を遠ざけてしまうのです。

人間学の学びや精神修養とは、雑草のように広がる傲慢さを、除草する作業ともいえますね。傲慢さは、次から次に雑念として現れてくる強敵です。一生、戦わないといけない宿敵であり、負けたままにしてはいけない強敵なのです。

理想と規範的な態度

人間というものは学んでいけばいくほど、成長すればするほど、悦に浸りたいという欲望が出てくるものなのです。自分だけは、傲慢で当然、許されると考え方を持ちはじめてしまうのです。この悦に浸りたいという泥沼に足を取られている間は、真の精神性の世界にはいけません。

悦に浸りたいと泥沼から抜け出してはじめて、自分の姿勢や態度に、道徳的なものを求めることができるようになるのです。

お金とか地位とか名誉とか目に見える価値ではなく、精神的に満たされているかどうかを重要視するようになります。そうすると自分の姿に、道徳的なものや規範的なものを纏うようになってくるのです。

経営者の場合は、会社や事業を精神的な活動にまで高めていきたくなります。お金を稼ぐために何をしても良いというわけではなくなるわけです、お金を稼ぐにも、道徳的にやりたい、精神的な裏付けが欲しくなってくるわけです。

このように、精神的な裏付けのない状態というのは、私がそうであったように。苦しくなったら辞めてしまえるという程度の覚悟しか持っていません。

こんなものが、志気であるわけがないのです。精神的なものを持っている人は、規範的な態度でいることに静かな喜びを感じているものです。

そんな堅苦しい態度で面白いのですか、本当はつまらないのではないですかと揶揄する人もいるかもしれませんが、それは、人物の心というものを理解できていないだけです。

人間ができているかどうか、練られているかどうかは、観る人が観れば一目瞭然です。出処進退、応対辞令、顔つきちょっとした言動や仕草で、見抜かれてしまいます。

精神性を高めるためには、日常の心構えや工夫が大切ですね。

心の弱さや誘惑との戦いですから、負けることの方が多いのです。ただし誘惑に負けたとしても、負けたままにしない。心を引き締め直すのです。

そしていつしか、心を引き締めることが当たり前のように身持ちが硬くなっていくというわけですね。

緊張感を、普段の生活の中で、維持できるようになってくると、身を崩すようなあぶなっかしさが、減ってきたといえるのかもしれません。

私も偉そうなことをいっていますが、ちょっとでも油断すると、すぐに傲慢になってしまいます。私も、皆さんも、あの人も、実は同じです。傲慢という強敵に楽勝な人など存在していないのです。

図16 志気に立つ、理想を生み出す構図（第3章-4）

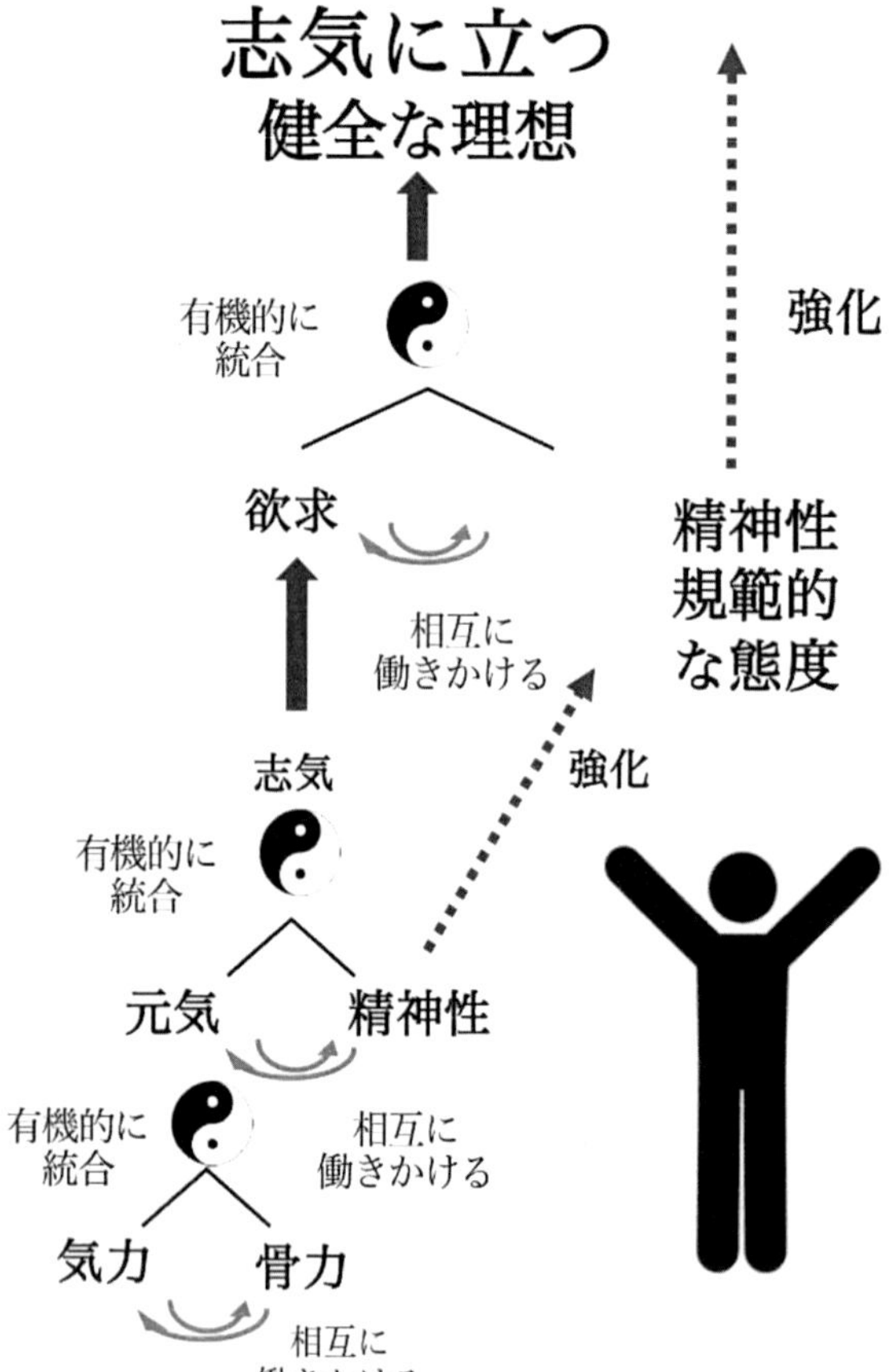

5　知識を積み重ね、仕事のプロを目指す

知識を学ぶとは何か

その人の真価を知ろうと思えば、精神的なものを求めているかどうかを調べれば、一瞬でわかります。お金や物欲、異性のこと、地位や名声を主目的にしている人は、本物ではないということです。

精神性が、健全な理想に繋がるのですね。健全な理想が、現実や現在を土台にした上で、知識と結びつくことで、見識になっていきます。見識とは、物事の本質を捉えるすぐれた判断力のことです。見識を身につけるためには、知識の身につけ方が重要になってきます。

では知識とは、一体どういうものなのか、中国古典の『論語』の次の一節を見てみましょう。

「学《まな》びて思《おも》わざれば則《すなわ》ち罔《くら》し、思《おも》いて学《まな》ばざれば則《すなわ》ち殆《あやう》し」です。

意味は、知識だけを学んでも、自分の中で思索をしなければ、使いものにならない。自分の中だけで思索を巡らしても、しっかりと知識を学んでいなければ、自分

よがりになってしまい危険な思想になりかねないになります。

つまり、考えることと、学ぶことは、両方ともが大事なのですね。この二つに取り組んで、しっかりと統合されると見識になっていきます。

例えば、本を読みなさいと両親や指導者に勧められた人は、世の中には多いと思うのですが、本であれば、読めばどんな内容のものでも良いのでしょうか。

実は、なんでもいいというわけではありません。学ぶことで大切なのは、原理原則であり、それ以外のものを学ぶときには、実は注意が必要なのです。

確証バイアスというのですが、人間の脳は、最初に学んだ知識を肯定しようとし、後から学んだ知識に批判的になってしまう性質があります。最初に得た知識を追認するような知識ばかりを学ぼうとするようになります。ということは、間違ったものを最初に学ぶと、どんどん間違いを大きくしてしまうわけです。それくらい、何を学ぶかが重要なのです。

学んだ知識は、自分の考える材料や判断する基準になります。もし仮に、学んだものが、横道にそれた知識の場合であっても、それを基準としてしまい、偏った考えになる恐れがあるのです。

だから、原理原則といえる知識であれば、すぐ成果が出てないことがあっても、方向が間違うということはありません。そうでなければ、はじめから間違う恐れがあるわけです。知識を増やすということは、確実な知識の上に、さらに確実な知識を積み重ねて理解の幅を広げることです。

私の場合、最初の学びは、経営の神様といわれた松下幸之助さんの本でした。松下さんの本は、私の二十代の時でも十分に古い本ですし、書かれている内容も普通でした。しかし、書かれていることは、本質であり、原理原則です。人生や働くということに対して、まっとうな考え方を教えてくれました。それが土台になったということが、私には大きかったのです。

皆さんも、いろいろな本を読んだり、学んだりすると思いますが、その内容は、すべての人が、そうだといえるような原理原則だと確証が持てますか？

また、これまで学んだ知識が、間違っていると言われたら、それを受け止めることができますか？

知識は、思考の土台になるものです。確実なものを学んでいくように心がけてほしいと思います。

どうやれば確実なものを見つけられるかというと、一つは、中国古典などの人間学の本です。歴史に耐えており、内容は陳腐化しません。

尊敬する人や、立派だと思う人から、おすすめの本を教えてもらうと良いでしょう。

知識を増やす

知識について、もう少し深掘りしたいと思います。

知識は、学ぶ方法も重要です。漠然と学ぶより、意図を持って学ぶことが大事です。点と点を結んで線にし、線と線を結んで立体にするように、知識を掛け合わせて、知恵にしていくような学び大切ですね。

芳村思風先生の感性論哲学の中に、広く、高く、深くの三つの知識の学び方があります。この考え方は、非常に参考になりますよ。

一つ目は、知識を広く学ぶことです。

様々な知識を広く学んでいくと、知識の点が線になり、線が面になっていきます。知識が増えて、知っている世界の領域が広くなってきます、そうすると一つ一つの知識を、いろいろな角度から、俯瞰してみることができるようになります。

私の場合、中国古典などの人間学の本を何百冊も読みました。『論語』もあれば、『孫子の兵法』『[※二九]老子』『[※三〇]韓非子』などの他の思想家、『史記』『[※三一]十八史略』という歴史書、様々なものに触れてみました。そうすると中国古典の世界観というものが何となくわかってきます。世界観の理解が、一つ一つの古典をさらに面白くさせて知識の世界を広げていきますね。

二つ目は、知識を高度にしていく学び方です。

知識が、高度になっていけば、物事を考える視点が高まってきます。そうすると

二九　中国春秋時代における哲学者である。諸子百家のうちの道家は彼の思想を基礎とするものであり、また、後の道教は彼を始祖に置く。

三〇　中国戦国時代の思想家。『韓非』の著者。法家の代表的人物。

三一　南宋の曾先之によってまとめられた、子供向けの歴史読本である。三皇五帝の伝説時代から南宋までの十八の正史を要約し、編年体で綴っている。

安直なやり方ではなく、様々な選択肢の中から、最適の方法を考えることができるようになります。

これも中国古典で例えると、初学者が読む入門書から、原文に近いもの、学術的なものなど学ぶ内容を、より高度に、専門的にしていく学び方です。

専門的な知識を習得できてくると、表面的な情報だけではなく、その裏にある背景や根拠を理解することができるようになります。一つの知識を使うにしても、その知識が適切であるという根拠を掴めている状況になります。

三つ目は、知識を掘り下げる学び方です。深さを求める学び方です。

それは、より本質的なものを求めていくという学び方になります。

これってどういうことなのだろうか、本質は何だろうかという哲学的な問いとセットで学んでいくやり方です。

本質的なものは、シンプルに表現でき、全体を包括していて、普遍性に富んでいます。だから、本質を理解するように学ぶと、知識の全体像を掴むことができるようになって、シンプルにかつ抽象的に表現できるようになります。知識を応用しながら使うことができるようになります。

これも、中国古典に例えると、一つの章句を自分なりにかみくだきながら理解することで、例えば、部下を指導するような仕事の現場で、実際に、その知識を使えるようになります。

これって、つまりはこうだよねという理解がないと、知識をなぞっているだけになってしまいますよね。それでは、知識を使うことはできません。


以上、三つの学び方でした。

最後に、人間学を学ぶ上で、最も大切なことをお伝えします。


人間学を学ぶ場合、効率的にインプットしようとするのではなく、心を耕しているイメージ、で学ぶと良いでしょう。そうすると心に染み込んできます。

染み込んでいく学び方は、ゆっくりで成長や効果を感じることは少ないかもしれませんが、一定期間が過ぎたとき、びっくりするくらい成長を感じることができます。

頭の中にある知識は、時間とともに忘れてしまいますが、心に染み込んだ知識は、いつまでも自分に留まってなくなることがありません。

今までとは違った視点を持つ

知識を増やす目的は、知恵を出すためです。知恵を出さなければ、仮に多くの知識を学んだとしても。それは自己満足でしかありませんよね。

ここで皆さんと、知識から知恵を出すことについて考えてみたいと思います。そもそも、知恵とは、一体、何なのでしょうか？

知恵とは、今までとは違った視点を持つことです。今まで持てなかった視点を使って対象を見つめると、今まで見えなかったものが見えるようになります。これこそが、知恵ですね。

例えば、会社の仕事などでも、現状のやり方で、それなりに成果が出ているとします。そこで満足し、考えることを止めてしまうと知恵は生まれてきません。大切なことは、違和感の正体を突き止めようとすることです。それは感覚的なものです。違和感の正体に取り組み続けていると現状のやり方の中にも、こうした方が良いのではないかという解決策を発見することができます。それが新しい知恵になります。

そして、違和感の正体は、知恵を生み出すばかりではなく、その人の天命に繋がっているものです。なぜならば、その違和感の正体を突き止めることが、その人が、この世界に生まれた理由といえるものだと、認識が変わっていくからです。

なので、皆さん、自分だけの違和感を大切にしてくださいね。

学びと実践を合一する

学びを通して、違和感を発見する。その違和感の正体を突き止めようと、努力するところに「見識」があるわけですね。

見識というものは、知識から生まれた不確かな違和感を確実なものにしていく努力によって培われるものです。

では、知識を確実なものにするには、どうしたら良いのでしょうか。

そのためには、知識を学んで終わりにするのではなく実践をすることです。

知行合一というのですが、知識と行動は一体であり、両方をしっかりと合致させていくことが重要ということですね。

知識を、しっかりと理解してから、実践をすれば、知識の中身を深く理解することができます。また自分が実際にできることを、あらためて、知識として学び直すと、現在地を確認することができ、また相違点が見つけるなど別の理解が進んでいきます。

このようにして深い理解ができると、知識をより実践的に使えるようにしていけるわけですね。

世の中には、実践の中から習得することを重視して、学ぶことを軽視する人がいます。実践から学びとった叩き上げのタイプに多くいるタイプです。仕事は見て覚えるものであって、実戦から覚えろと部下を指導してしまいます。

しかし、このような叩き上げの現場主義者は、知識をしっかりと学んでいないので、仕事のコツを言葉にして表現することができないことがままあります。言葉で表現できない理解は、確実な知識ではありません。そして、仕事の全体像を、本当の意味で、掴んでいないということでもあります。

逆に、知識を学んでいるが、実践をした経験が少ないという人もいます。そういう人は、頼りなさを感じますね。使ったことのない知識は、どんなにはっきりと記憶していても、リアリティはありません。実践なき知識は、空理空論しか生み出しませんので、見識にはなりません。

まさに人間学の学び方は、知行合一です。学んだ知識を日常生活の中で使う。そして行動や実践に繋げる、これこそが肝心です。

自分が、実践した経験があるからこそ、取り組むことの難しさなどの実体験も出てくるわけです。そういう実体験のない人の発言は、無責任な印象を与えてしまいますよね。

昭和時代の漫画やドラマの中に、受験生が、ねじり鉢巻で、知識を詰め込むというシーンがありましたが、これからの時代に通用しない学び方ですね。知識だけでは、価値もないし、価値を作れないからです。

実践をしていくと、経験を得ます。そうなのだ！ という実感といっても良いかもしれません。この実感が、違和感の正体を突き止める大きなヒントといえます。

実感が、また新たな実践と実感を生みます。その繰り返しで、違和感の正体に迫っていくのです。やってみたら一瞬でわかるものです。感じるものがあります。

感じたものの中に、答えがあるのです。その答えを積み重ねていくと自分なりの見識になっていきます。

【コラム　今後は人間学が学びの中心になる】

現代人の多くは、西洋的な理論を活用しながら仕事をしていますが、今後は人間学（東洋思想）を学ばないと成果を出せなくなってくると感じています。

西洋的といっても、一括りすぎて乱暴で申し訳ないですが、もちろんすべてでないことも承知の上ですが…西洋の学問や理論の特徴は、成果を出すための土台がしっかりしていて、短期的に成果を出すことが得意でして、その前提がない場合、使えないことが多いと感じています。つまり、大企業レベルの経営環境があって、経済が成長し社会の健全性のある環境であれば効果的ですが、経済が停滞し、社会の健全性が損なわれる時代においては活用することが難しいのです。

反対に人間学（東洋思想）の場合、成果を出すための土台が不安定な中で、長期的な視点で永続するためにどうすれば良いかというところで力が発揮されると思います。そして、人間学（東洋思想）は、知識の足し算ができなくて、じわりじわり浸透するので習慣的に学んでいると、10年であれば10年、20年であれば20年、30年であれば30年の効果があります。私の実感では、10年と20年の間には、10倍以上の見識の差が出てくると思います。

私はちょうど20年選手ですが、30年、40年、学び続けている先輩たちを観察させて頂くと、洞察が鋭い方がほとんどです。若い頃から人間学（東洋思想）を学んでいた幕末の志士たちが、20歳やそこらの年齢で、歴史に名を残す仕事ができたのは、学んでいたのが人間学だったからだと思います。これから生まれて来る人が幼少期から人間学を学びさえすれば、日本はたちまち復活できるでしょう。

6　理念への問いが、理想と見識を作る

理念への問い

何度も繰り返しますが、見識とは、元気によって生み出された理想が、知識と結びつくことで生み出されるものです。そして、理想は、自分の欲望を叶えるものではなく、精神的な根拠のある健全な理想を持たねばならないといいましたね。

この健全な理想を磨き続けるということが、次のテーマです。感性論哲学の考え方を借りますと、「理念への問い」を持つことです。人間の持つ理想は、磨けば磨くほど、素晴らしいものになっていきます。

理念への問いとは、人間学の命題である、いかに生きるのかを自分に問い続けるということです。

自分は何をするために生まれたのか、何をなしたいのか、それはどういうことか、自分の生き方をあらわす言葉はなんだろうか、自分が守るべき矜持とはなんだろうかというような、自分の存在を追求する問いかけです。

人間は、志気が立つと精神的なものを求めるようになるといいました。それは道徳的になるということです。

この道徳的な学びを通して、自分の理念を練り上げていくというわけです。

道徳的な学びがしっかりできてくると、理念への問いに繋がる活きた言葉を持てるようになるのです。魂のこもった本気の言葉、本気の問いです。

私の場合、人間学を一生の仕事としていけるのか、人の心を高めていくような仕事を通して、喜んでもらいたい、喜んでいきたい、そうするためには、どうしたら良いのだろうかということを、この数年ずっと問い続けていました。

忙しく働く日常の中にあっても、問い続けていることが大切です。何度も心の中で言葉を発することで、理想が確かになってくるのです。

世の中には、なぜこの人は、このようなすごい志を持っているのだろうかという人がいます。その人は、何度も心の中で自分に問いかけた結果、自分のものにしたといえます。

想魂錬磨が、理想を表現する言葉を見つける

理念への問いは、続けることが大切です。中途半端に止めてしまうと掴んだものを失ってしまいます。気合や執念が必要です。

気合というと、根性論だと思うかもしれませんが、何度も繰り返しながら、自分の想いを練っていく執念が大切ということです。これを「錬磨」といいます。

想いの錬磨は、いままでの自分では想像もできなかったアイデアを絞りだす行為です。自分の力を超えて、神が降りると例えられるような直感を得るに至る行為です。

寝ても覚めても、そのことばかりを考えていて、自分の潜在意識にも刷り込んでいくと、過去・現在・未来の情報が集まってくる「見えない世界」（超意識・阿頼耶識・アカシックレコード等）と繋がるときがあります。

私も、理念への問いを錬磨することで、時々、これだという直感を得ることがありました。そういう経験を繰り返して、自分の理想を形にしてきました。

今、皆さんにお話しできている内容は、そうやって得てきた内容です。
私の師匠の一人である市川覚峯先生の教えの中に「想魂錬磨《そうこんれんま》」があります。
市川先生が山修行で得た「悟り」なのだそうですが、自分の想いや魂を錬磨し続けること、それはつまり、理念への問いを通して、自らの理想を突き詰めていくことといえます。市川先生は、想いや魂を金属のように叩き錬って、ヤスリで磨くという表現をされています。

また市川先生は、「念じる」ということを強調します。「念」とは、強い意志で「思う」ことです。「想う」とは、意識して思うこと、思うは、無意識に頭に浮かぶということです。自分の想いを、「念《おも》う」のレベルまで高めているかということなのです。

市川先生の「想魂錬磨」の言葉には、続きがあります。それは、「行継承《ぎょうけいしょう》」です。「行」とは自分の人生にとっての一大事業のことです。「継承」とは、その事業を人々の生活にとってなくてならない存在にまで高め、継承していくことです。

つまり、自分の事業を万代にまで継承していくぞ、そこまで想いを錬り高めているかということなのです。志高く、心の内に問い続け、想いと魂を錬磨せよという教えです。
この「想魂錬磨　行継承」は、短い言葉ですが、込められている意味には深いものがありますね。

私たち一人一人にいえることですが、いきなり大きな理想を持つことは難しいものです。しかし、理想というものは、努力によって、少しずつ大きくできるものだとしたら、皆さん、どうですか？
大きい理想を持って、その実現に努力するためには、それ相当の努力が必要なのです。

だから私たちも、先人の考え方や言葉を借りてきて、それらを装備しただけでは足りないといえるでしょう。錬磨が足りませんし、自分だけの言葉を作っていません。想いを錬って、自分だけの理想を持つに至ることができれば、人間として迫力が出てくるでしょう。

私も、学びはじめの頃は、古典の言葉を引用するだけで、中身がないと指摘されたこともありました。今、振り返るだけでも、冷や汗ものです。

見識は、理想を規範にすることで作られる

人間学は、同じようなことを何度も繰り返しながら、少しの違いを作り、少しずつ前に進んでいく学問といえます。

同じことを繰り返していると、面倒くさい、かったるい、前に読んで内容だから飛ばそうという気持ちになってしまうものですが…同じようなことを繰り返しながら、前に考えたことも、前回と違うことも繰り返し、少しの違いを作っていくのです。少しの違いの中に、明確な違いを意識できるようになると、前に進んだ証拠といえます。

見識は、理想と知識が、繋がることで作られていくと説明しました。理想は、人生をいかに生きるのかといった理念的な問いを繰り返し、自分を練ることで見えてきます。知識は、理想を求める中で、生まれる違和感の正体を突き詰めようとしていく中で、主体的にインプットする知識のことで、間違いのない確実な知識や心を満足させるような道徳的な知識を指しました。

さらに、身に付けた知識が、理想を刺激します。自分の理想がわかってくると、

自分の中で規範を作り、心がけや態度が変わっていきます。理想は、世の中をよくしたいというように外に向かうだけではなく、内面に向かいます。外に向かうために、内に向かうのです。

見えないものに本質があると前述しましたが、自分の内面である精神こそが、全てを作り出す本質といえるものです。

すべての物事は、内面、即ち本質を充実させることで実現していくのです。本質を充実させることこそが、心構えや態度というわけですね。その順序がわかってくるのです。つまり、理想とは、心構えや態度を通して実現するものなのですね。

理想を追い求める生き方は、大道を行くようなものです。横道にそれずに真っ直ぐに進みます。小手先など通用しません。真心を込めて生きていくしかありません。心構えや態度を整えて、自分を作るための規範を作ることで成し得ることができます。

そしてこのような人は、総じて活学の人だといえます。活学とは、学びを人生や実践に活かすことです。活学の人は、その理想が、知識を求めさせ、その知識が、理想を生み出して、それが有機的に結びついていくような人といえるでしょう。

学んだ知識が、そのまま理想であり、理想を体現するための規範や行動そのものが、知識の実践ということになります。知識は、即、行動である、行動もまた、即、知識になってきます。「知行合一」です。

活学を意識すれば、古典のように側から見れば古臭い教えであっても、自分自身を躍動させる活きた学びに変えることできてきます。それこそが、見識です。あの人は、原理原則に則っている、筋道を外しているということが分かるようになってくるわけです。

人間は、知識の量でも、頭の回転の速さでもありませんよ。見識を使って、理想に向かう判断ができるかどうかが切なのです。

見識は愚鈍に見える

最後は、見識のある人の特徴をお伝えしたいと思います。実際にお会いすることができる人でも、歴史上の人物でも、見識のお手本になる人が、どういう特徴を持っているかを知ることも、見識を身につける上でとても重要だからです。

その特徴の筆頭は、言動や態度に重厚さ、落ち着きがあるということです。

中国明代の古典、『呻吟語《しんぎんご》』の中に、次のような言葉があります。

「深沈厚重は、是れ第一等の資質」です。深沈厚重とは、どっしりとして重みがあり、落ち着いていて動じないこと。寛容で、威容も持ち合わせているという意味です。

その後に続くのに、「磊落豪雄《らくらいごうゆう》は、是れ第二等の資質」です。「聡明才弁《そうめいさいべん》は、是れ第三等の資質」です。「磊落豪雄」は、細かいことに拘らず、度量が大きいことです。「聡明才弁」は、頭が良くて才能があり、弁舌が立つということです。

頭が良くて、言葉が巧みなタイプは、自己演出が得意なだけで、実は三流なのですね。ここで私たちが注意をしなければならないのは、人間のできていない人から見ると、第一等の資質の人を、鈍くて愚か、ダメな人間に見えてしまうということです。

今人気のユーチューバーなどは、聡明才弁なタイプが多いですね。そういう人が面白おかしく批判する相手の中に、実は一等の資質の人がいることも忘れてはいけません。

例えば、『忠臣蔵』の主人公、大石内蔵助は、何をやってもダメだということで、昼行灯と影口を叩かれているような人間です。馬鹿にされていた蔵助が、赤穂浪士四七人を率いて討ち入りのリーダーになるからわかりません。観る人が観れば、只者ではないと見抜けるのでしょうが、大半の人はペケをつけるわけです。それと同じようなことが世の中には多いものです。当事者でないもの、三流以下の人間が、当事者を馬鹿にするものです。

もし皆さんが、いわゆる聡明才弁のタイプで、あらゆることを論理で判断するならば、表面的な結果、合理的な判断ですぐに答えを出すと思います。

しかし、見識のある人は、観るところが違います。複雑に絡み合うものを慎重に考えるのですから、鈍くて愚か、ダメに見えてしまうわけです。

どこの世界でも、頭の回転の速いタイプがこういう間違いをしてしまいます。知識のレベルでは、白黒を判断するのは簡単ですが、その簡単なことの奥底にある何かは、大体にして一筋縄ではいかないことばかりです。そして事の重大性や責任の重さ、行動の難しさを考慮して、軽率な言動を控えるというわけです。

見識のある姿をわかってくるのが、見識です。わからない人には一生わからないという世界の話になりますね。

是非、皆さんも、自分の周りに見識のある人を発見してください。そういう人と出会い、心を通わせると自分の運命を変えていきますよ。

決して、聡明才弁の人を、見識のある人と間違えないように気をつけてください。

図17 見識が生まれる構造（第3章-6）

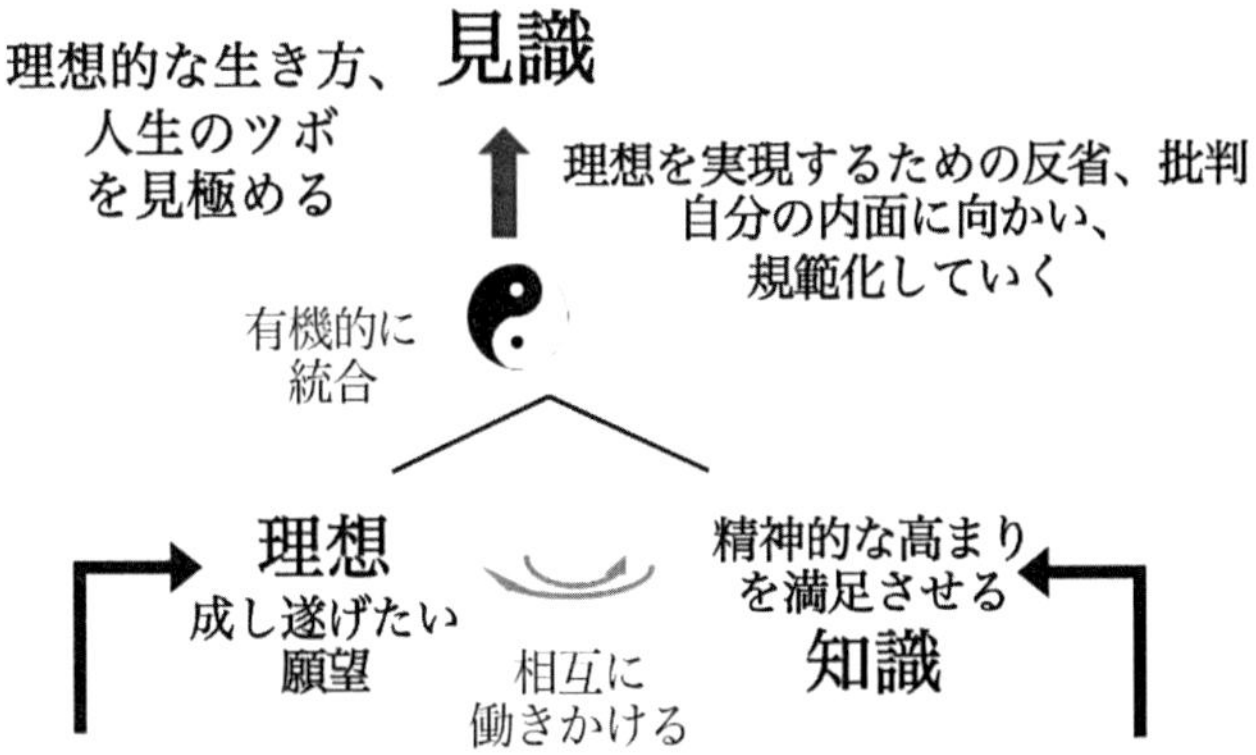

図18 見識のある人のイメージ（第3章-6）

7　真の志を立てるために必要なこと

天職は好きなことの先にある

それでは次のテーマに進みましょう。皆さんが、一番、気になっている内容かもしれませんね。「知命・立命」についてです。

自分が、この世に生まれてきた理由を知り、真の志を打ち立て、人生を創造していく、それこそが、知命・立命です。

さて皆さんは、と聞くと、自分の職業が、天職といえるものなのかどうかが、気になるのではないかと思います。

天職のヒントに次のようなものがあります。興味を持っているもの、好きになれるもの、他人よりも上手にやれるもの、長時間、飽きずに続けることができるもの、努力を努力と思わないでやれるものなどです。天職は、その延長線上にあるというのです。

確かに、自分が興味を持てることや好きなことを仕事にすれば、上達は早そうです。活躍できる可能性も高いですよね。

しかし、自分の好きなものを仕事にした人のすべてが、自分の仕事を、天職にできているのかというと、そうではありません。

というのは、その職業に、使命が宿るかどうかという、また一段高いハードルを越えなければならないからです。使命の自覚がなければ、誰も到達していない境地を目指すといった行動をとり続けることができません。

だから私たちは、この使命が、どこから出てくるのかということを理解して、その境地に至る努力をしなければなりません。

まず前提になるのは、目の前の仕事を一所懸命に取り組むことです。興味のあること、得意なことであれば、人よりも早く上達できるようになっていきます。

そこから先は、健全な理想が作り出す、違和感が生まれてきます。問題意識といっても良いかもしれません。

その違和感や問題意識を、一つ一つ明らかにして解決していくのです。そのために勉強し、研究していくのです。こうすれば面白いのではないか、こうすれば問題を解決できるのではないかという閃きを得ることができます。

それは、自分の中に発生した問題でも良いし、仕事や社会の問題ということでも良いと思います。

そういった問題について、勉強しながら解決していくと、問題は、さらに大きく難解なものになっていきます。そして最後には、誰も解決したことのない未知の問題にまでたどり着いてしまいます。

世の中には答えがありません。本屋にいっても、それを解説する本は売っていないし、インターネットを見ても記載がありません。

そういう未知の問題に出会うということが、使命といえるわけです。使命があるからこそ、私という人間に、その問題が降りてきたわけです。

ある日突然、これまでの人生に何の関わりもない唐突なテーマが、使命として降りてくることはありません。

自分が真剣に取り組んでいることがあるから、その先に未知の問題があり、その先に、使命の自覚があるのです。

才能の限界の先に個性がある

未知の問題にぶつかると、前進ができない、苦しい時期を過ごします。これまでの延長線上のやり方では、納得できないのです。問題を解決するための糸口が見つけられず、才能の限界にぶつかります。周囲の評価は高くても、自分の理想は、さらにその先にあります。

理想を前にして、才能の限界にぶつかる。足踏みする、このまま続けることに意味があるのか迷いだす。真っ暗闇の中を灯りもなく進むような心細さや不安に襲われ、楽になるために辞めてしまうということもあるかもしれません。

そういう苦しみを経験して、またそういう経験を突き抜けてはじめて、本当の意味で、自分の殻が破れます。そうやって自分の仕事を個性的にしていきます。その人らしさを感じさせるようになっていきます。

仕事や能力が、その人らしいというものになることで、自分だけの道が見えはじめます。使命や志は、自分だけの道を歩みはじめてからがスタートといえます。プロの漫画家やミュージシャンを見ても、その人だとわかるような個性のある人がいると思います。そういう人は、未知の問題を突破しているといえますね。

このような境地に到達すると、ある一つの疑問が、突然自分の中に湧き起ります。なぜ自分に、この問題が降りかかっているのかという疑問です。

天は、なぜ、自分にその問題を与えたのか、志を持たせ、研究させたのか、障害を与え、そして乗り越えさせてくれたのかという疑問が、突如として生まれてきます。

その答えは、ある日、突然わかります。その問題に立ち向かうときに、無限のエネルギーが湧き上がってくる感覚を覚えるのです。そのエネルギーが湧いてくることが、使命、つまり天命だという証拠になります。

皆さんは、よく天や神の存在を信じている人のことを、不思議に思ったことがありませんか？

特別な宗教を信じているわけではないはずです。そういう人は、天や神が、存在しなければ、説明できないような天命を自覚していると思います。

この湧き上がるエネルギーが、才能になります。そのエネルギーを使って、限界を超えていき、さらに先に向かっていくことが、志といえるのではないかと思います。

本当の才能は、限界にぶつかった時に、エネルギーが湧いてくるかどうかです。限界にぶつかったら、あと少しです。限界にぶつかるということも、見方によっては、その人に使命や才能があるということの裏返しかもしれませんね。

本当の自分らしさは、限界を超えた先にあることを知って、今、目の前のことに、本気でぶつかっていってほしいです。

親祖先から受け継いだ性質

もう一つ、知命・立命を考える上で忘れてはいけない要素があります。それは自分の生まれ持った「性質」を活かしているかということです。生かしきれているかといった方が良いかもしれません。

工藤直彦先生から教えて頂いたのですが、親祖先からもらった性質を活かすと道が拓けるというのです。どんな人間にも、必ず両親、そして先祖がいます。親祖先は人類が生まれてからずっと、その性質を受け継いできています。その能力や人格の集大成が自分なのです。

その性質を、自分の人生の中で、最大限に活用することが、「成功の秘訣」というわけです。もっといえば、親祖先から受け継いだ性質を、自分の代でさらに磨きをかけて、次の世代に繋ぐことが、先祖代々の使命の一つといえるかもしれませんね。

親祖先が、どういう人だったのか、職業や活動内容など、何を考えて生きていたのか、記録や知っている人から教えてもらい、自分の中に親祖先の存在があることを、理解することが大切です。家系図を作り、お墓参りに行って想いを馳せるのもよいでしょう。

私もそうだったのですが、親を嫌い反発する子は多くいるものです。

「とんでもない毒親だ、許せない、口うるさい、あんな親のようにはなりたくない」、という反抗心を持ってしまうと、親祖先から受け継いだ性質を発揮することができなくなってしまいます。

親から受けた恩を返せる人はいません。親から受けた恩は、次世代に恩送りをする。親不孝を詫びて親の存在を受容するのです。親が亡くなっていれば、お墓参りに行き、墓前で会話するとよいかもしれませんね。

両親を受容できると、反発していた親の性質、嫌いな部分、目を背けていた部分の中にも、自分の中にある強みを発見できるようになります。

親を受容せずして、確固とした強みを見出すことはできないかもしれません。子は親の分身といえますね。

ロールプレイングゲームでも同じですよね。自分の才能やステータスが分からなければ、成長させる方法がわかりません。それと同じで、自分を理解しなければならないのですが、そのヒントは親にあるということです。

親に反発している状況で、人生の大海原に航海に出ても、人生の目的という宝を手に入れることは難しいかもしれません。

ご縁と感動によって導かれる

知命・立命を考えるヒントは、複数の視点が存在していて、複雑に入り交えています。この時代に生まれ落ちて自分の興味がどこに向くのかということもあれば、親祖先から受け継いだ性質もある。次は、人生を生きていく中で、得られるご縁という視点を考えていきましょう。

ご承知の通り、ご縁というものは、赤い糸で繋がっているともいいますが、自分で計算して作り出すことは容易ではありません。この容易でないご縁は、不思議な形で繋がっていく、または、天によって用意されているということが、知命・立命を考えるヒントになるのです。

私たちの住むこの世界には、原因と結果の法則があります。仏教では、因縁果というようですね。原因が、ご縁を作り、ご縁が、結果を作り出すというものです。この教えから学べることは、私たちは、素晴らしし原因を作り出していくことで、ご縁も結果にも恵まれるということです。

日々、善因を作ることに努力している人は、よい結果が多いことはもちろんなのですが、善因を作らずに、人の心に裏切り、不義不忠のかぎりを作りしているような人間にも、人生を変えるような出会いがあるものです。

私の場合、工藤直彦先生とのご縁が、人生を好転させる善因になりました。工藤先生との出会いがなければ、今の私がいるかどうかもわかりません。

三十代の中頃、私は自分の会社をダメにしていまい、仕事も転々とし、あくせく働くも上昇する兆しもなく、疲弊していました。これまでの自分に自信を失っていました。志だと思っていた人間学に向き合えない状況でした。

工藤先生の主催する哲学の勉強会に誘っていただいて、お金もないということで、受付役にして貰い、タダで勉強をさせてもらいました。

このご縁のお掛けで、再び人間学に向き合うためのリハビリテーションができました。少しずつ人間学を学ぶ楽しさを思いだすことができました。

そして数年が経ち、工藤先生の誘いで、倫理法人会に入会して、経営者の心のあり方をゼロから学びはじめました。そこで見たのは人間学のような心の学びを、他者のために使う諸先輩の姿でした。

そこで私は、自分の姿を振り返ることができました。

私は、功名心の塊でした。優秀な兄弟へのコンプレックスから、人よりも優れていることを証明したいという自分の本心を自覚できました。私は、誰かを下にみることで悦に浸り、自分を癒していました。

今までは目を背けていた、自分のダメな部分を受け止めることができました。それから私の中で、心構えや学び方が変わったのです。

この話には、後談があります。ある日の私は、仕事の移動のため本を読みながら電車に乗っていました。読んでいた本はいつも持ち歩いている『論語』です。ページをめくると、突如として、涙が溢れてきたのです。

ようやく生活が落ち着きはじめた頃、これまでのことが走馬灯のように思いだされてきたのです。工藤先生が勉強会に誘ってくれたおかげで、巡り巡って、元気に生活する自分がいる。

工藤先生が、人生を好転させる善因を作ってくれたことに、溢れんばかりの感謝の念が湧き上がってきたのです。有り難いという感情、生かされているという実感です。

このような感情を覚えると、私を産んだ両親、先祖、これまで接してくれたすべての人々が私にくれたことを、とても愛おしくありがたいものだと思えるようになりました。天は、私を見捨ててなかったというよりも、天に、応援されるような生き方をしていかなっただけです。

天は、人によって差別も区別もしない。自分の生き方に応じた結果をもたらすだけなのですね。

だから大切なことは、わがままや独りよがりにならないことですね。あらゆることに真心を込めることが、善因になっていきます。

ご縁に感謝すると、よく聞きますが、それができてくると、ご縁を作ってくれた存在に想いが向きます。恩人にも、そして、天や神様に対してもです。

私は一生懸命、宗教を通さずに信仰心を身につける方法をお話ししています。この世界を作った大いなる存在を感謝できると、天や神様が、身近な存在になりますよ。

苦難に耐えて残ったもの

知命・立命を考えるにあたり、一つだけ避けて通れないテーマがあります。

それは、苦難と挫折です。

皆さんは、苦難、もしくは、挫折を経験したことがありますか？

そして、もう一つ質問をします。
その苦難や挫折が、自分にとって、どのような意味があるかを考えたことがありますか？

苦難や挫折にぶつかったときに、どのように受け止めるのかによって、自分の人生を決定するといっても過言ではないと思います。

運がなかったで、済ませる人もいるでしょう。次回は失敗しないように改善しようと考える人もいるでしょう。しかし、もっとも人生を好転させる受け止め方は、苦難と挫折の存在は、その人に何かを学ばせるために起きると考えることです。

天命を全うするために、その経験から学ばなければならないものがあるから、苦難や挫折が起きるのです。まだ実力が足りないぞ、まだ認識が甘いぞということを教えてくれているのです。

私は、起業した会社をダメにした過去があることは前述しましたね。その後は、待遇も悪く、認められない日々が続き、苦渋を舐めることも多かったです。そして、自分の志だった人間学からも、目を背けてしまっていました。

私は、苦難から、自分の傲慢さを学びました。自分の中にある傲慢さを学んだことで、私は、人間学の理解が深めることができました。

人間学は、他人に誇るためのものではない。他人を裁くものでもない。自分に向き合うものだと理解できました。人間学は、自分の人生をいかに生きるのかを追求するものという理解は、傲慢さと闘うことで見えてきたものです。

もし私に、苦難の一つでもなかったとしたら、私は、自分を誇り、他者に裁くために、人間学を学んでいて、志を1ミリも前に進めることができなかったことでしょう。私の人生には、苦難や挫折が、必要だったのです。

中国古典の『孟子』の中に、次の一節があります。

「天のまさに大任をこの人に降さんとするや、必ず先ずその心志を苦しめ、その筋骨を労し、その体膚《たいふ》を餓えしめ、その身を空乏《くうぼう》にし、行なうことその為さんとする所に払乱《ふつらん》せしむ」です。

天が、その人に重大な仕事をまかせようとするときには、必ずその心を苦しめ、肉体を痛めつけてどん底の生活に突き落とし、何事も思いどおりにならないような試練を与えるという意味です。

私はこの言葉に勇気をもらいます。苦難は、天命を自得するための試験といえるわけです。苦難を乗り越えた先には、心のそこから湧き出てくる「天命」を実感できるようになります。

真の志は、苦難や挫折を乗り越えて、天命を自得することで打ち立てられるものです。

志を立てる人は多いですが、苦難や挫折を乗り越えられず、捨ててしまう人は、なんと多いことでしょう。一時の成功で、天命を得られていると増長する人もなんと多いことでしょう。

志は、苦難や挫折を乗り越えて、より強固になることで、本物かどうかがわかります。すぐに成功してしまうものは、志といえないかもしれませんよ。

図１８ 命と志 （第3章-7）※参考資料

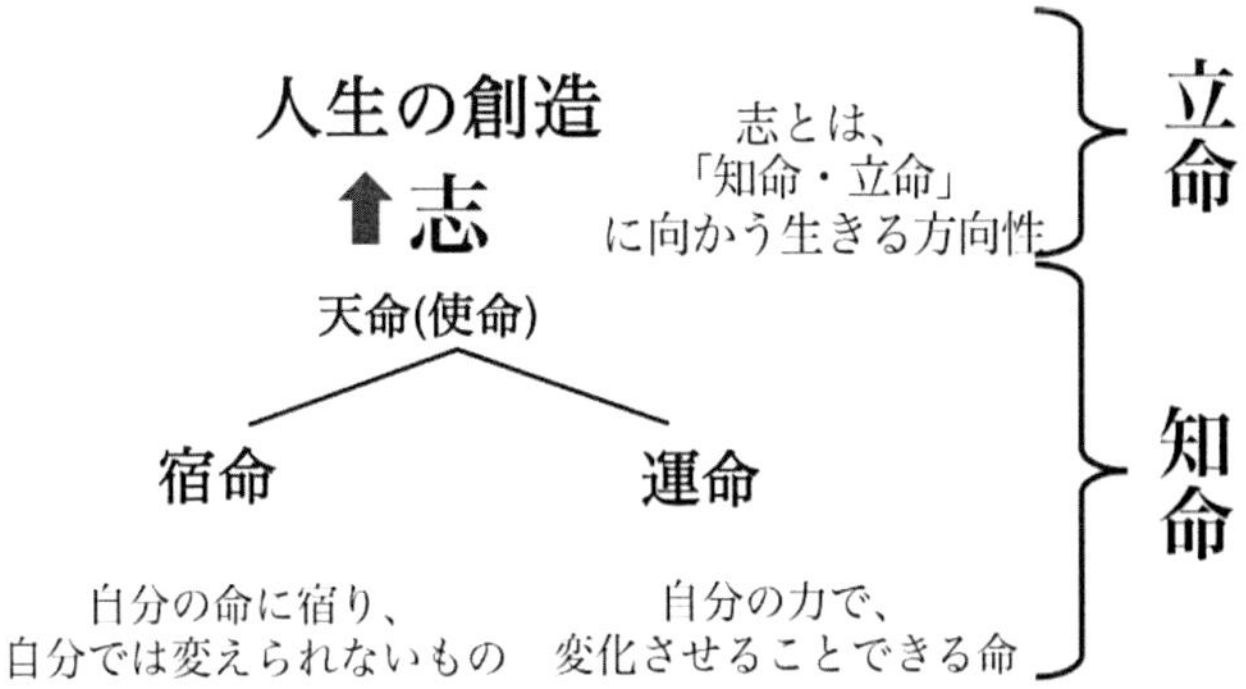

図１９ 真の志を自覚するためのステップ（第3章-7）

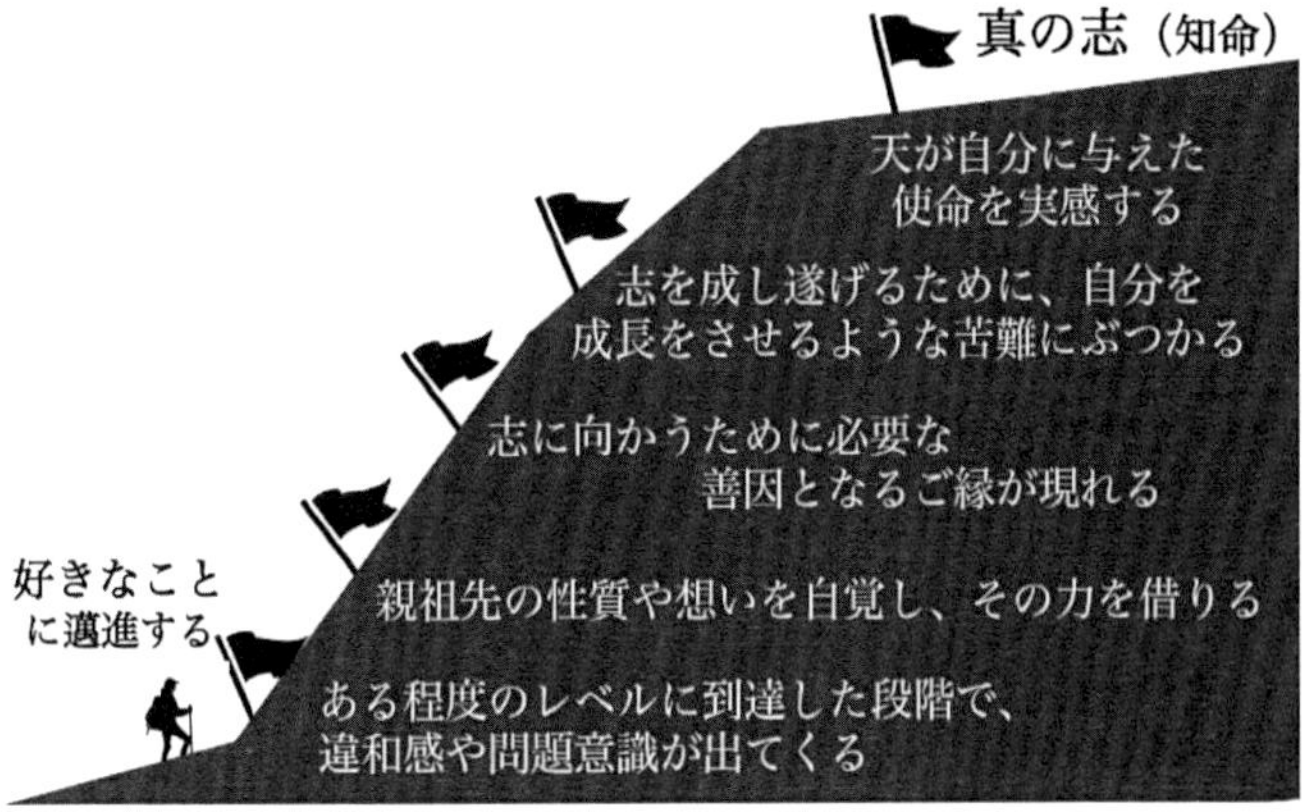

8　日々の実践が、胆識を作る

胆識とは何か

次のテーマは、一般的ではありませんが、「胆識」というものです。胆識とは、勇気や胆力のある行動力の伴った見識のことです。

安岡正篤先生は、『新編経世瑣言』（明徳出版社）の中で、「胆識」について、次のように述べられています。

「見識というものは一つの決断力であり、これは人生において直ちに行為になって現れなければならぬ、決断は同時に行いでなければならぬ。したがって見識は実践的でなければならぬ。ところが、見識が実践に入るにはまたここに一つの勇気が要るわけです。この実践的勇気を称して、古来最も民衆的な言葉でいうと『胆力』と申します。だから見識は胆力でなければならぬのであります」

見識は、理想を実現するための決断力ということです。しかし、決断しても、いざ実行するとなると、そう簡単にはいかないのが実際のところですよね。一つも二つも壁が立ちはだかります。

その壁は、自分の身を危うくするもの、自分の運命を破壊するものであればあるほど、恐怖に襲われてしまいます。

胆識は、その恐怖に打ち克って、実行するということです。恐怖に勝つための勇気や胆力が必要になってくるというわけです、
市川覚峯先生は、教え子たちを仏教修行者が修行する霊山に連れて行って、肚を鍛えるためのスピリットトレーニングをしています。

私も何度か参加させて頂いているのですが、自然界のパワーを感じる山道を早朝から歩行禅や読経しながら進みます。

険しい岩道を、鎖の紐を持って登るといった修行をします。超緊張状態、超ストレス状態で、自分の限界を超えることで、勇気胆力を鍛えるわけです。

人間の精神活動の根本に、知・情・意があるといいますね。

「知」は、知性や知恵の働き、「情」は、人情や優しさ、「意」は、意志の力になります。

市川先生は、頭の良い人や優しい人も生まれつきいるかもしれない、しかし「意」

の力、つまり肚の力は、鍛えないと強くならないというのです。

私は、肚が鍛えられていないから、会社をダメにしてしまいました。苦難に遭ったとき、すぐにへにゃと折れてしまいました。

胆力や勇気を、日常的に鍛えていく工夫や修行は、とても大切だと思います。それがなければ、困難な道を進もうという決断ができません。いや困難な道を選択肢にすることもできないかもしれません。

楽に成功できる時にしか、チャレンジすることができないかもしれません。果たして、それがチャレンジといえるかどうかです。国民、従業員のすべてが、皆、胆識のない人間であれば、国や会社において、リスクを取るような改革を行うことができないではありませんか。

日本の衰退は、人間が弱くなったこと、つまり、胆識を持つリーダーがいないことに原因があるかもしれません。

実行力を高める方法

その次のテーマは、実行力についてです。

皆さんは、決めたことをやり遂げることができますか?

絶対にやるぞ! と固く誓っても、三日坊主になってしまうことは、よくあることだと思います。私もたくさんありますよ。

その理由を考えてみると、人間は、完全に理解しているという、確かな実感を持っていないと、恐怖を感じてしまう習性を持っています。

これからチャレンジするものは、もちろん現在、できないことですから、不確かなものです。この不確かなものが沢山あると、実行力が落ちてしまうわけです。

料理に例えると、火加減、茹で加減の調整や味付け、包丁の使い方など、すべてが未経験で苦手だった場合、料理が苦痛で仕方がありませんよね。包丁が苦手でも、焼き加減や味付けが得意であれば、仮に切り方はでこぼこでも、美味しい料理は作れるわけで、どんどんチャレンジできます。

勉強をする上でも、読解力が弱く漢字も苦手であれば、本を読むことそのものが苦しいですよね。物事が続かない理由は、複数の苦手なことが入り混じったことをやろうとしている場合が多いですね。

料理にしても、勉強にしても、やり方は目に見えるものですので、十時間も練習して基本を身につければ、できるようになっていくものです。教科書を読んでも意味がわからない、勉強が苦手という学習障害の人などは、言葉の意味を知らないまま教科書を読んでいるなど、基本を疎かにしていることが原因だったりします。

しかし、態度や心構えを改めるような目に見えないことになると、実行力を身につけることが難しくなります。嫌だ！　やりたくない！　という無意識から出てくる感情に流されてしまいます。

このような場合、どのようなアプローチが良いのかというと、自分自身を確実にするということです。自分で自分の心を意識できない段階で、心を作るような行動ができるわけありません。どんな場合でも、基本が大事です。実行力が出てこない場合は、基本的なことの中に、不安があるということです。

皆さん、実行力を身につける方法は、何よりも基本の徹底ですよ！

日々の実践が人間学の要諦

次のテーマは、「実践」についてです。　実行と実践は、似たような言葉ですが、その意味合いは違います。

実践とは、自分ができていないことにチャンレンジすることです。例えば、感謝することが苦手な人が、積極的に「ありがとう」をいったり、お礼状を書いたり、または、ネガティブな考え方をしやすい人が、ポジティブな考え方をするような意識を持つなど、実行が困難なテーマに取り組むことです。

私の場合、相手の話や心を、一旦、受け止めることを実践のテーマにしています。私はコンプレックスの塊だったという過去があるため、相手の言葉を打ち返す癖があります。また「あいつはムカつく」というようなことを、ふとあることに思いつき、その人の状況や真意を理解しようという意識を持っていませんでした。

私の性格が、実は傲慢であると自覚できてからは、相手の言葉や心を受け止めて、その傲慢さを抑えようと努力しています。実践とは、こういう自分のマイナス面と向き合うことだと思います。

しかし、ちょっとでも気を抜くと傲慢さが出てきます。自分の弱点を自覚できているときは、なんとか、実践が出てきているわけですが、忘れてしまうと、実践に失敗してしまいます。

私は傲慢なところもありますが、思いやりのあるところもありまして、人の気持ちを理解してサポートをすることが得意な一面を持っています。

こういう自分の得意な一面で人を観ると、思いやりや気配りのできない人を見ると、この人はダメな人だと判断してしまいます。自分が得意なことで人を評価するときは、自分にとって安全の場所です。不得意なことを実践しているときは、自分にとって危険な場所です。表と裏がひっくり返るのです。

例えば、人間学は、色々な教えや考え方を知るのですが、その教えを安全な場所にある頭のタンスにしまうのか、危険な場所にある頭のタンスにしまうのかで、学び方は大きく変わってきます。

物事には、陰と陽、黒と白の両面がありまして、例えば、人間学の知識の白の方の一面を見て、安全なタンスにしまうという人もいれば、あえて黒の一面を見て、危険なタンスに入れるということもできるわけです。危険なタンスは、自分ができていない、自分にとって都合の悪いことで、実践項目になるものです。

だから、人間学の学び方を知っている人は、あらゆる物事において、自分ができていない側の一面を見て、実践に使うための危険なタンスにしまい込むわけです。

人間学は、実践であるというのは、物事の受け止め方を自分にとって厳しい方で観るということです。

実践は、できないことにチャレンジすることですから、大体、できないことが多いです。できないことをしっかりと受け止めると、「今の自分はこれができない」というように謙虚さを発揮することができます。

学んだ知識を、「わかる」「できる」「自分はすごい」とポジティブに受け止めるよりも、「わからない」「やってみよう」「できない」「自分はまだまだ」と、ネガティイブに受け止める方が、自分の心を高める経験値になると思います。

例えば、積極的に挨拶をするという内容にしても、自分はできていると捉えることもできるし、できていないとも捉えることができます。このように、実践とは、ものごとの捉え方の問題ですね。実践するためには、自分を否定的にみる眼が必要になってくるのです。

実行力は、できるという自信を土台にします。自信によって発揮します。実践力はできないという感情を跳ね返えすための勇気を土台にします。自信と勇気を、有機的に統合させると、人生を切り開くアクションを起こすことができるようになると思います。

勇気を発揮させるべき時

自分の人生を変えるような実践をするにおいても、世の中を良くするための挑戦をするにおいても、最終的に求められるのが、勇気ですね。

入学試験の当日、駅のホームで倒れた病気の人を助けるために遅刻して、試験に落ちてしまった。務める会社で違法行為をしているのを発見し、それを上司に伝えたらクビになってしまった。

損得や利害の感情を忘れるということはできません。その感情を持ちながら。良心が勝つことが、勇気といえるのかもしれませんね。

もしこれが自分のことではなく、身近な人の場合であればどうでしょうか。配偶者や恋人が、そういう行動を取ってしまったならば、皆さんは、どのように思いますか？　なんて馬鹿なことをしたかと罵るのか、勇気のある行動を賞賛するのかによって、自分の判断基準がわかりますよね。

利害や損得を優先するのか、正義や勇気を優先するのかです。正義や勇気を選択できる人がいたら、その人は自分の身を修めている人といえますね。もし自分の配偶者や親や子供等が、正義のために大きな損害を被ってしまえば、自分の安全が壊されるわけですから、正気を失ってこともあるかもしれません。ただ、そういう人は、利害や損得を優先する人になってしまいますね。

それだと、他者よりも自分の身が可愛い人ですね。もし自分がそういう判断をしてしまう人であるならば、気がないだけでなく、自分の中に、愛を持っているかどうかについて、振り返らないといけませんね。

正義や愛に従って生きる意志、悪に対して戦うという覚悟を持っていますか。それらが、一般人には、関係がないと無視をしても良いのだろうか。

それを当然と思ってはいけないですね。最低でも、人間学を学ぶ私たちだけでも、世の中のために、勇気を出したいではありませんか。もし世の中の風潮が、そういう勇気を否定しているならば、世の中の風潮が乱れているということになってしまうかもしれません。

人間は、社会的な動物ですから、社会の秩序を壊すような道に反することがあった場合、勇気を出して戦わなければなりません。もし、すべての人が、当事者意識を持たずに、逃げてしまえば、私たちの住む社会が壊れてしまいます。それは、自分と子孫を殺す行為になってしまいます。

この後、第六章では、現代の問題を解決するための考え方を紹介しますが、正義を実行する勇気を持つためには、世の中についてしっかり理解しているかどうか、学んでいるかどうか、見識を持っているかどうかに尽きます。

結局、日々の生活の中で、しっかりと学び、現実を捉えるということです。そこから当事者意識や危機感を持っているかどうかに尽きますね。

抵抗勢力になるのは、真正面から対抗してくるものではありません。脳内がお花畑になっている人が、正義に対する抵抗勢力になります。脳内がお花畑の人は、夢から覚めて脳内のお花畑を壊されたくありませんから、正義のために行動することや、悪者と対決することを避けようとしてしまいます。

今の時代は、正義が、非常識になり、勇気が、問題行動とされてしまう時代といえましょう。だからこそ正義や勇気の意義が大きくなっているともいえますね。

勇気や胆識を持つためには、まず根底に、愛を持つこと、現実に則って学び、見識を持つこと、正義を守る意志を持つことです。そして抵抗勢力に負けないこと、世の中の風潮に流されないことです。そのためには、原理原則を自分の中心軸に据えることですね。

そのためには、人間学をしっかりと学びましょう！ 世の中に役立つ人間になる最も確かな方法です。

図２０ 胆識とはなのか（第3章-8）

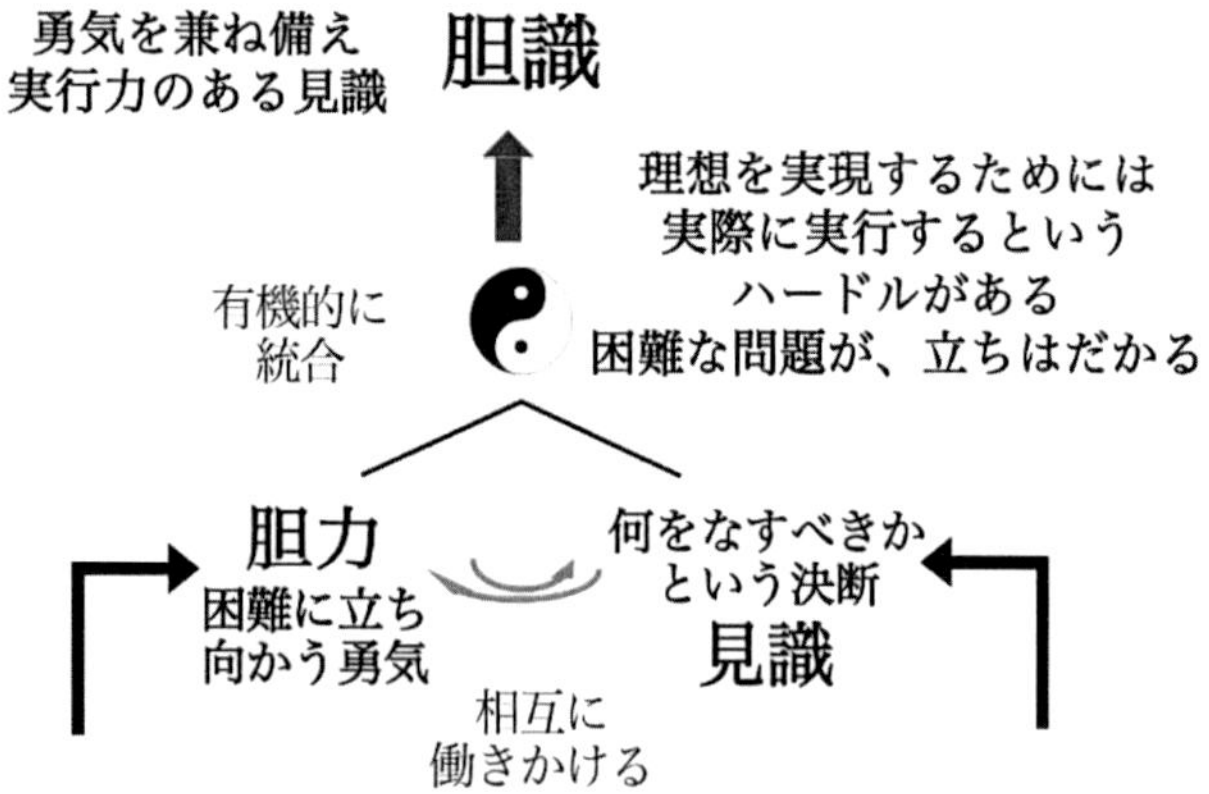
勇気を兼ね備え
実行力のある見識
胆識
理想を実現するためには
実際に実行するという
ハードルがある
困難な問題が、立ちはだかる
有機的に
統合
胆力
困難に立ち
向かう勇気
何をなすべきか
という決断
見識
相互に
働きかける

図２１ 実行力を高めるための方法（第3章-8）

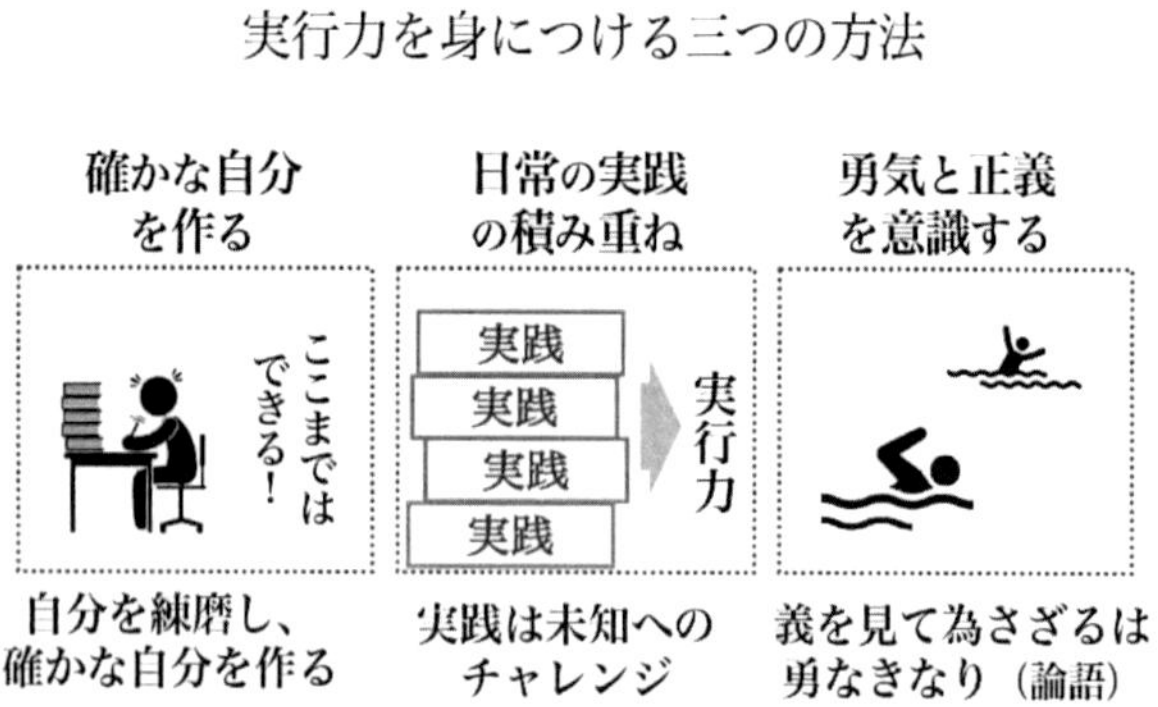
実行力を身につける三つの方法
確かな自分
を作る
日常の実践
の積み重ね
勇気と正義
を意識する
ここまでは
できる！
実践
実践
実践
実践
実行力
自分を練磨し、
確かな自分を作る
実践は未知への
チャレンジ
義を見て為さざるは
勇なきなり（論語）

9　道を基底にする生き方

人物が練られた姿とは

本章の最後のテーマは、人間を練っていく方法についてです。

大体、人間というものは、厳しい世の中に揉まれて強くなるものですね。特別な修羅場が必要というわけではなく、新人として職場に入ったら、先輩には厳しく躾けられるし、汗をかいて体で仕事を覚えないといけない。

この揉まれるということを、自分に対して行うことを「練る」というわけです。練るのは自己努力ということなのです。

人生の達人のことを、この人は人物が練られているといいますが、そういう人は、人生経験が豊かであるだけでなく、自分で自分を鍛えている部分があるということです。

人物になるということは、自分で自分を鍛えるということ抜きには完成しません。学ばないといけないし、日々の生活の中で、自分を高める工夫をしなければなりません。

一般人である私たちは、練るという言葉を理解することはできますが、練るとはどういうことなのか、練られているとはどういう状況なのか、よくわからないというのが本音だと思います。

実際、私も人間学を学んでからでさえも、練るということがわかりませんでした。

しかし、ある時、工藤直彦先生から、道を基底に置くことを教えてもらい、自分なりに、練るということを理解することができました。

道という概念は、この人間学教室で何度も取り上げていますが、人間学にとって最も重要なテーマの一つです。「原理原則」「自然の摂理」「天地自然の法」など様々な表現で解説してきました。

安岡正篤先生の著書『東洋思想十講　人物を修める』(致知出版)から、紐解いてみると、宇宙生成の本質であり、天地人間を貫く所の創造・変化、いわゆる造化の本質原理とあります。

非常に難しい表現ですので、噛み砕いて表現をすると、この宇宙や人間を創造し、成長させるための最も本質的な働きです。

私なりに自己解釈した結果、「原理原則」「自然の摂理」「天地自然の法」というように表現しています。というか、こういう表現しかできないのですね。

さらに私は「物事の本末順序を整えることを、道と解釈をしていると前述しましたね。

繰り返しますが、樹木の例えになりますが、根や幹を養うのが先で、枝葉は後ということです。陰陽相対理論でいえば、「陰」を土台にした後に、「陽」を乗せていくということです。

生き方における「陰」とは、「常識」や基本、目に見えない要素、本質的なものをといえるかもしれません。

これらを土台に置いて順番を間違えない。これこそが、人物の練られた姿だと思います。

さらに安岡先生は、「道」が人間を通じて現れたものを、「徳」と仰っています。徳性は、人間が決めたものではなく、道が現れたものであるというのです。

つまり、徳を持った人間性や生き方は、自然の摂理ともいえるし、原理原則に則っているともいえます。

経営の神様といわれた松下幸之助さんは、「素直な心」が大切と述べておりますが、素直な心は、天地自然の理法に則った生き方であるともいっています。松下幸之助さんの素直な心とは、自然の働きに合致しながら生きていくということですね。

本末順序が真逆であれば、どこかに無理があって、容易にことが運びません。

例えば、会社経営などにおいて、我が社もある程度成長してきたから、ブランディングのために経営理念を作ろうではないか、昨今、従業員を幸せにする経営がいわれているので、我が社もそのメッセージを出そうというように、ノウハウを経営に取り入れようとするものが多いですね。

実は、このような考え方は、本末順序に逆らっている姿といえるのですが、皆さんはお気づきになりますか？

経営の一要素の中に、「道もどき」を追加しているといえますね。

「道」（原理原則）」という土台の上に、「経営」を載せていくこと、つまり、生き方や人の営みを、原理原則に則るようにすることが先であって、会社の経営云々は、その後だということです。

つまりブランディングのためや、社員へのメッセージのために経営理念を作るというのは、順番が違うのです。道を基底にした経営をすれば、結果的にブランディングになるし、結果的に従業員との繋がりの強化になるわけです。

言葉遊びのように感じるかもしれませんが、これが、本末順序の考え方です。物事には順序があり、それを正しく整えていく、そこから外れない生き方をすることが、大切なのです。

自分、家庭、ビジネス、会社、社会、世界、これらを、自分を中心に少しずつ整えて拡げていくことが、人間の練られた姿ではないかと思います。その人を中心に、自分も、家庭も、会社も、社会も整っていれば、その人が、どれだけしっかりと生きているのか、与える影響の大きさもわかるというものですね。

私たちは、すぐには世界を良くすることはできません。まず私たちは、確実にできる自分からしっかり整えましょう。

政治家が不倫で問題になっているニュースを見ると、自分の生き方や家庭問題に問題があるのに、天下国家を論じ、政敵を非難している人がいますが、そういう人は、本末順序を間違えている人です。そんな人が、世の中を良くする政治などできるわけがないではありませんか。

間違ってもそういう人に、一票を投じてしまわないようにしましょう。反対に、メディアには非難されていても、家族を和合させ、真心を持って多方面に信用のある人がいれば、本物ですから、応援してあげたいですね。

道を基底にしていない人が、政治家に多くないことが、昨今の政治的な低迷の大きな原因だと思います。政治家を選ぶ私たち国民が、こういうことがわかることが大切ですね。

天地自然の力を味方にする

次は、徳について掘り下げていきたいと思います。「道」と「徳」は、表裏の関係ですね。徳といっても様々な徳目があります。

例えば、『論語』には、「仁・義・礼・智・信」があり、これらを「五常」と呼びます。最も大切にする徳目としています。

仁は、人としての優しさ、義は、正義、礼は、調和の精神、智は、正しく判断する知恵、信は、信用です。

それ以外にも、孝（親孝行、親に仕える）、勇（勇敢さ）、忠（まごころ）、譲（ゆずる）、明（あかるさ）、誠（誠実さ）など、様々な徳目があります。

これらの徳目は、人間が大切にするべき在り方です。前述しましたが、徳は、人間が作った規範ではなく、自然の摂理を顕したものです。

陰陽相対理論のところで、この世界の法則は、「調和」と「生成発展」であると前述しましたが、徳は、この調和と生成発展を実現するための働きといえるものです。

仁や義などの徳目を実践すれば、調和し、さらに、生成発展していくのです。繰り返しますが、このように考えられる理由は、徳と、道・天の存在は、繋がっているからです。

ですから、大自然や人間社会の営みの中に、調和や生成発展の働きを発見することができますし、その中には、仁の働き、義の働き、礼の働き、智の働き、信の働き、というように「徳」を発見することができます。

自然が豊かな森を散策している時に、仁を感じ、人間社会の進んでいく方向性の中に、義を感じることもできます。

何千年も続く人間の歴史の中にも、調和や生成発展に向かう動きを発見することもできます。さらに仁の働き、義の働き、というように、徳の働きを発見できます。この世界には、法則があるのです。

いたるところに、道と徳があるのです。

もちろん、短い期間や限定した場所で見れば、調和や生成発展を壊すような反対の働きも存在しています。人間には、善と悪の両面があり、仁によって人が滅ぶ、義によって損をするといった現象が見受けられ、それを本質である思い込むところに、間違いを犯してしまう原因があるわけです。この間違った認識こそが、自然の摂理に逆らい、人間社会の衰退や滅亡に向かわせるものです。

しかしですね、正しく、長期的に全体的に、この世界を見れば、必ず、調和や生成発展をしていることに気が付きます。すべてをバランスとしてみるのです。世の中が進む大きな方向性がわかってきます。

人間学には、思考の三原則というものがあります。長期的に観る、本質的に観る、多角的に観る、の三つです。これらは天地自然に沿ったものの観方ですね。これができるようになってくると、人間学を学びが深まってきているといわれています。逆にいうとこれができなければ、目先の利益に捉われている段階です。

このような視点で判断できるということは、天地自然の力を借りているといえます。天地自然の動きに逆らっていては、事を成すことはできませんよね。

精神の革命

次は、道と徳を体得する方法についてです。

道とか徳というものは、頭でわかっていても、実際に行うとなると非常に難しいです。たくさん学べば近づけるものではありません。

『論語』の中に次の一節があります。「もし君が、美しい人を愛するように賢い人を敬愛し、真摯に両親に尽くし、上役に対して献身し、友人に対して誠実であったならば、仮に君が学問を始めてすらいなくとも、私は君のことをよく学んだ人間とみなすでしょう」というものです。

この一節から学べることは、道を体得するためには、必ずしも、学問を深める必要がないということです。

この人間学教室では、終始、学問をすることを、奨めているにもかかわらず、学問が必要ないとはどういうこと？　と思うかもしれません。

大切なことは、道の体得です。つまり、道を基底にした生き方ができているかどうかということです。

必ずしも学問を絶対視せよというわけではないのです。

以前の私は、学問を絶対視する傾向がありました。学んでいる自分を絶対視して他者を見下していたと前述しましたね。このような経験をしてきたことから、学問を絶対視する姿勢にも弊害があることがわかります。

自分に向けて、原理原則に則るようにすれば良いということなのです。

工藤直彦先生は、道を基底にすることが、本質的にわかったとき、精神の革命が起きたといっておりました。工藤直彦先生にとって、その実感を得たときに、人間学の理解が急激に深まっていったのかもしれません。

道を基底にする生き方は、ゴールでありながら、実はスタートであるともいえますね。知命・立命もそうでした。人間学は、ゴールとスタートが一体化しています。道は、これさえできていれば、大きな間違いはないというものです。

細かいことにこだわって、道から外れているという状況にならないように気をつけないといけないですよ。学問を絶対視するということも、まさにこういうことです。

第三章は、私の経験を通して人間がどのような段階を通して、気づきを得て人物になっていくのかについてまとめたものです。その時々の段階で壁にぶつかり、悩み考えたこと、気づき実践したことを解説したつもりです。

本章の内容は、人間学の学び方の詳細な解説として、皆さんのヒントとして活用していただければ、これ以上の喜びはありません。

大切なことは人生の穴に落ちないことではなく、穴に落ちてから何を学ぶのか、どうやって立ち直るのかということです。それこそが人生であり、人間学の要諦といえると思います。

図２２ 練られた人物とは（第3章-9）

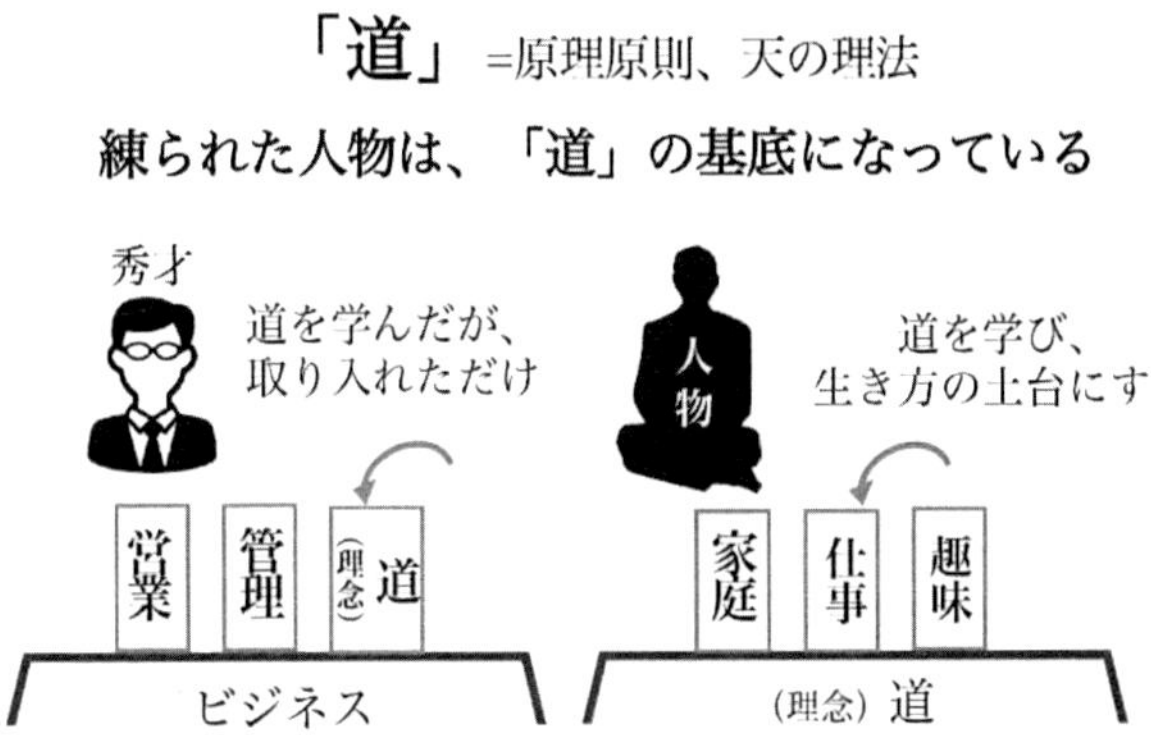

※倫理研究所 法人SV 工藤直彦先生　資料より

図２３ 天地自然を味方にする（第3章-9）

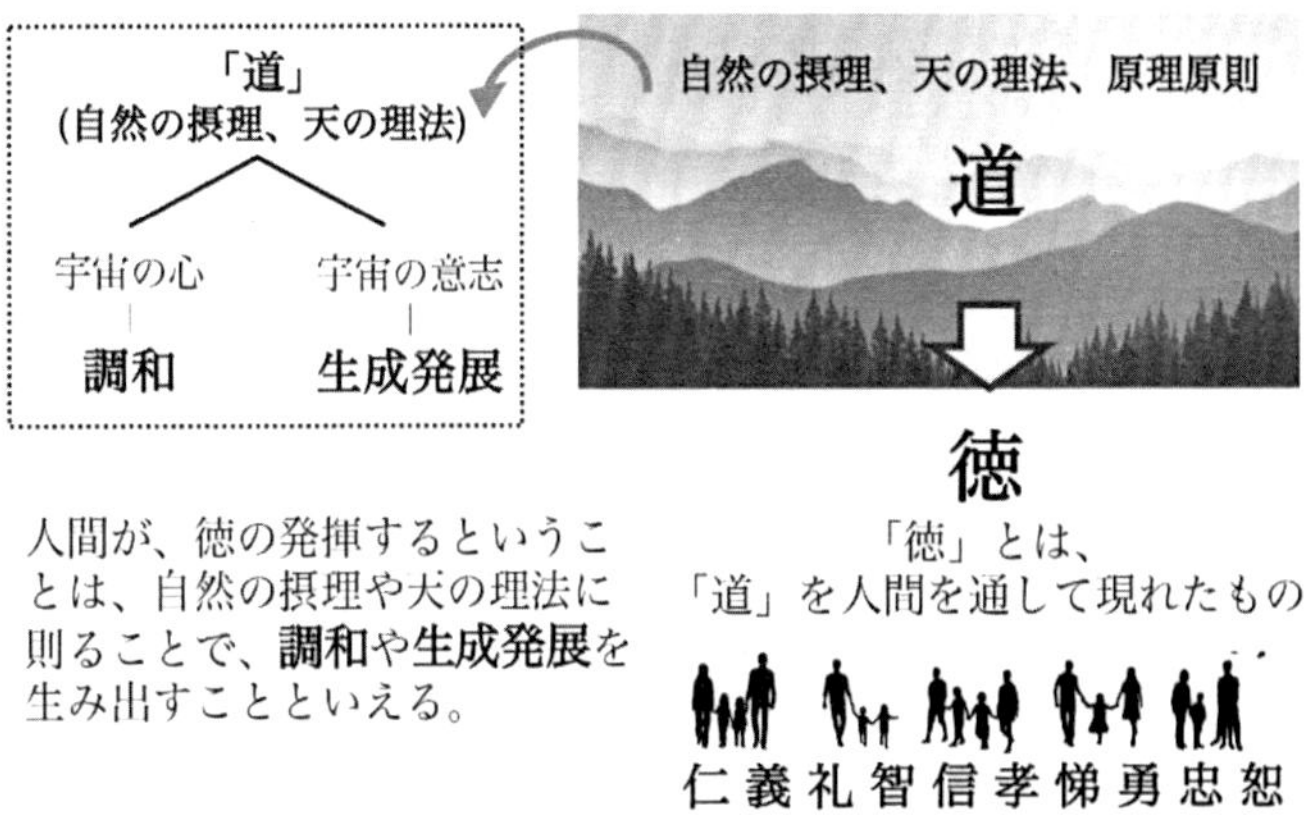

人間が、徳の発揮するということは、自然の摂理や天の理法に則ることで、**調和**や**生成発展**を生み出すことといえる。

図２４ 人物になるための流れ、全体像（第3章・第4章、第5章）

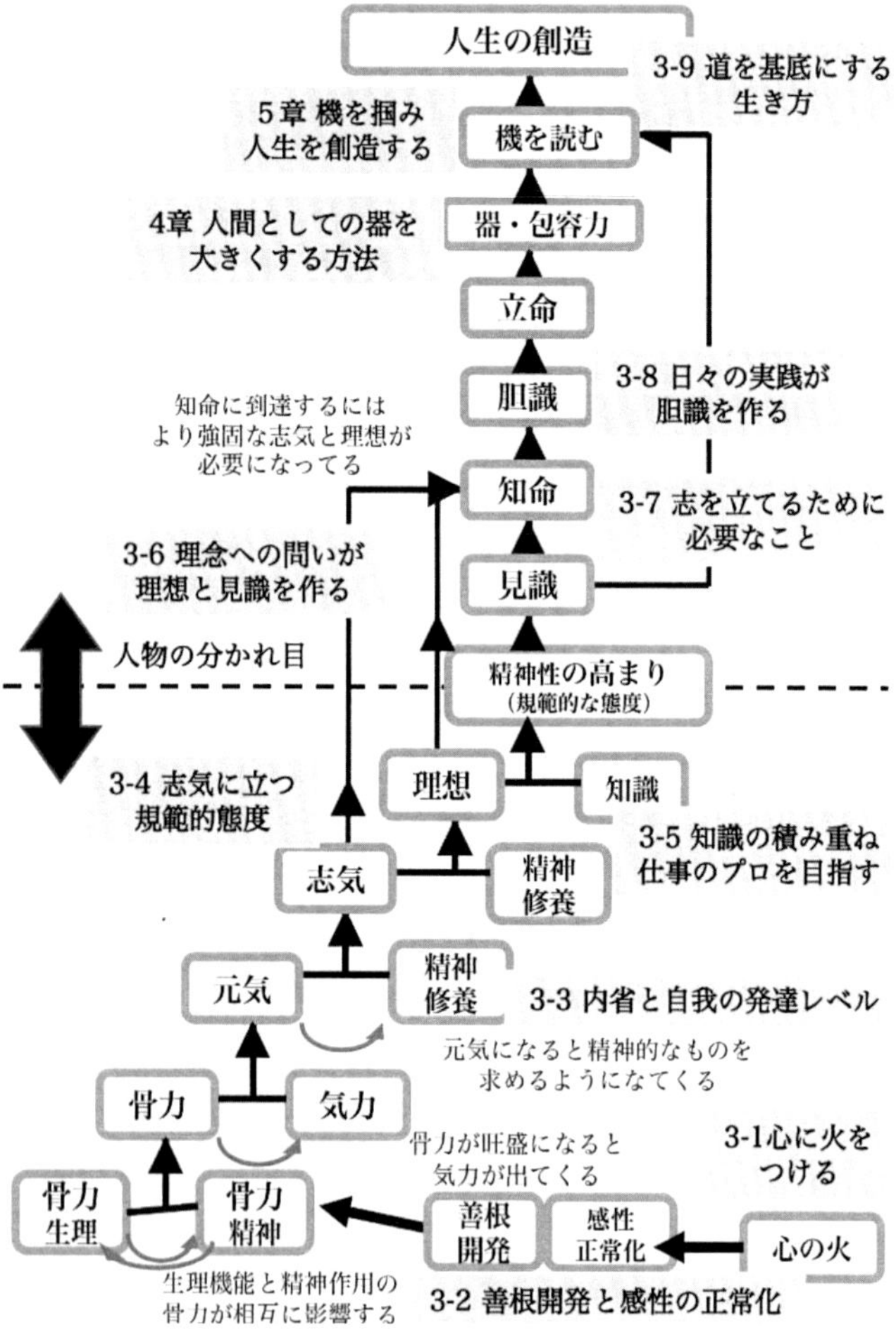
人生の創造
3-9 道を基底にする生き方
5章 機を掴み人生を創造する
機を読む
4章 人間としての器を大きくする方法
器・包容力
立命
胆識
3-8 日々の実践が胆識を作る
知命に到達するにはより強固な志気と理想が必要になってる
知命
3-7 志を立てるために必要なこと
3-6 理念への問いが理想と見識を作る
見識
人物の分かれ目
精神性の高まり（規範的な態度）
3-4 志気に立つ規範的態度
理想
知識
3-5 知識の積み重ね仕事のプロを目指す
志気
精神修養
元気
精神修養
3-3 内省と自我の発達レベル
元気になると精神的なものを求めるようになてくる
骨力
気力
骨力が旺盛になると気力が出てくる
3-1心に火をつける
骨力生理
骨力精神
善根開発
感性正常化
心の火
生理機能と精神作用の骨力が相互に影響する
3-2 善根開発と感性の正常化

第四章　人間としての器を大きくする方法

1　人物の持つ器とは何か

人間的魅力の源泉

あの人には、「器」がある、「器量人」であるといいます。器の大きい人は、人間性や立ち振る舞いで出会った人を魅了します。

器が大きいということは、人間にとって最大の賛辞の言葉ですね。

反対に、器が小さいといわれてしまうのは、致命的な評価といえるでしょう。

そういうわけですから、器の大きさは、人物の条件の一つといえるのですが、胆識や立命といった人物の条件を身につけた先に求められる能力ですから、普通に生きているだけでは、必要性を感じないというのが本当のところでしょう。

人物の器には、様々なものが入ります。もっともわかりやすいのは、知識ですね。しかし、知識が多いだけでは、器が大きい器量人とはいえません。

理性的で、どこかに冷たさを感じさせてしまうからです。知識が多い、頭が切れるという人は、反対に器量に欠ける印象を与えてしまいます。

では、器の中に、何が入れば、器量人といえるのでしょうか？　次のようなものですね。経験、徳性、心、理想、志、見識、胆識、情熱、こういったものが沢山が入っていると、器の大きい人と評価するのです。

『安岡正篤先生から学んだこと　人物の条件』（下村澄著　大和出版）の中には、器について次のように記載されています。

人間は器といっても、陶器やプラスチックの器とは違う。何かを入れることによってはじめて器ができるのである。しかも、その器は固定的ではない。いろいろなものを入れることによって、一つの方向性が生じ、その方向性がエネルギーとなって想像力を発揮し、器を大きく広げていく。つまり人間の器は進歩し、発展するものなのである。（中略）このように一つの方向性を持って進歩し発展する器を「器道」という。そして器の大きくなった具合を「器度」、または「器量」という。「器度」と「器量」を合わせると、「度量」である。

器に入れるものとして言及しているのは、経験のことです。さまざまな経験を積んで、そこから学んでいく、そうすることで、器は大きくなっていくということですね。そして、一つの方向性とは、理想のことであり、形になってくると志、知命・立命ということになります。

魅力的な人物は、皆さんも経験があると思いますが、例外なく経験豊富な人ですよね。特に、逆境や苦難を経験している人は、生きることの苦しみや、人の優しさというものがわかっています。

その人から感じさせる雰囲気、さらにいうと気品とか風格といったものは、この器の中に入った経験が、滲み出たものといえるかもしれません。経験を学びに変えることが、大切ということですね。

経験を立命に活かす

では、経験から学ぶには、どうしたらよいのでしょうか。

ただ漠然と経験をするのではなく、自分の理想に向かうような意志、エネルギーに変えていかなければなりません。

経験を増やせばよいのでもなく、価値のある経験をすれば良いのではなく、経験を「学び」に変えることが大切です。

そして、一つの方向性は、理想、そして知命・立命です。

自分が、この世界に生まれてきた理由が何なのかを追求する方向性です。

自分の理想や志を追いかける生き方をすれば、必ず何かしらの障害にぶつかります。簡単には上手くいかない、失敗もするし挫折もします。

誰も、その価値に気がついていないから、見向きもされない…ということになります。す。しかし、だからこそ、理想なのです。そういう理想を追い求められるかということですね。


理想を追い求める人は、必ず天の試練として、苦難を受けます。

前述した『孟子』の一節、「天のまさに大任をこの人に降さんとするや、必ずまずその心志を苦しめる」です。

天が、その人に大きな仕事を任せる場合には、必ずその人を奈落の底に突き落として厳しい試練を与えるわけです。試練のないところに、志はありません。

喪失、挫折、屈辱、絶望、諦め等、さまざまな苦悩を経験します。

苦しんだ経験から立ち上がって、再び、理想追い求めるために学び直し、力を付けていくのです。

苦しい思いを経験できないということは、まだ本気になれていないということです。本気とは、まさに障害にぶつかったときにこそ、沸き起こってくるものだからです。

その経験があったからこそ、今の私がある、今の目標がある、今の幸せがある、そういうふうに感じられるような出来事が人生にはあるものです。

その時は何気なく過ごして、悪態をつくような心持ちであったかもしれませんが、時間が経ち、心が成長していれば、価値や意味を発見できるようになってきます。

器を大きくする生き方は、経験を強さに変える生き方といえます。

苦しんだ経験があるからこそ人を助けたい、悲しい経験をしたからこそ人に愛を与えたいというように転じるわけです。前に進むエネルギーに変えて、自分の人生を創造する力にするのです。

そういう人間こそが器量人であり、人間的魅力に溢れる人だと思います。

逆境を経験できる有り難さ

このように考えると、逆境や苦難というものは、自分の器を大きくしていくために、絶対に必要なものといえます。

逆境や苦難を経験しないで、人間的に大きく成長することは、できないのではないかと思います

長い人生の中では、必ずどこかで行き詰まって絶望するような経験をするようにできていると思います。

苦しむ経験をした事のない人間は、その人の精神の働きにおいて、どこかで頼りない部分、信用できない部分が残ってしまうといえましょう。

自分が想像しているもの以上の苦難がのしかかると、心がポキっと折れてしまう可能性もあります。

だから、苦難や苦悩を乗り越えている人というのは、人生の荒波を真正面から受けたことがあって、社会の現実や厳しさを知っているといえます。

繰り返しますが、人間は、苦しみや弱さを知っているからこそ、優しく強くなれ

るのです。
年齢を重ねると共に、逆境や苦難に乗り越えた経験が増えてきて、それ相応に自分の器の限界を広げ、同じ程度の逆境や苦難に動じなくなっていきます。

このように考えると、人の上に立ち始める四十代くらいまでには、何か一つでも人生の苦難というものを経験していないと、そこから先の人生を力強く進んでいける根拠を身につけていないといえると思います。苦難の経験がない人は、自分の経験を過大評価し、反対に他者の経験を過小評価してしまうといった判断の甘さがあります。

苦難の効能をあげるならば、まず一つ目に、人の痛みを知ることがありますね。そうすることで、相手の苦しみを想像し、察することができるようになります。優しい人になれるのです。苦しむ経験の少ない人は、概ね、鈍感といえますね。

二つ目は、自分の至らなさを自覚できることです。自分が、完璧な存在ではないことを自覚できるのです。これがあると相手に対しても完璧を求めなくなります。つまり寛大になれるのです。

もし自分が、相手と同じ立場であれば、どうだろうか、同じようにできないかもしれないと客観的に一歩引いて見ることができるようになるのです。そうすると、自分を棚に上げるということがなくなります。世の中には、自分を棚に上げて、人を責めることほど、器の小ささを感じさせるものはありませんよね。

相手に対して思いやりの心を持ち、相手を自分のことのように考えることができることを、仁といいます。

『論語』においては、最高の徳目とされているものです。仁を持つ人は器を感じさせる人ですね。この仁の徳性を育てるものが、逆境や苦難というわけです。そしてこの仁は、人生を豊かに幸福にするための徳目ともいえます。仁は、社会や人間関係に調和を生み出すことができる力だからです。

調和と生成発展は、宇宙の本質を司るルールであり、さらにいえば一対の関係です。調和の実現は、生成発展の実現でもあります。だからこそ、仁は、万物を生み出す徳目なのかもしれません。

自分の器の中に、逆境や苦難といった辛い経験を入れることができないと、この仁という徳性の本質を理解できないかもしれません。

そう考えると苦しい経験というものは、仁を身につけるための天から最高のプレゼントといえますね。
若いうちには、苦労は買ってでもしろという諺がありますが、苦労がないと、人生の後半で人の痛みや苦しみに鈍感な人間になってしまうわけで、人の上に立つ年齢としては致命的といえるでしょう。

若いうちから転ばぬ先に杖で人生に大禍なく過ごしたいと考えていても、逆境や苦難に陥るときは陥るものです。なぜならば、人生の出来事は、天が決めるものだからです。どうせ陥るときは陥るのであれば、腹を括って、いつでもこい！　と待ち構えている方が、苦難を乗り越える力が出てくるものです。

理屈抜きで相手を包み込む

器というものは、大きくなればなるほど、どんなものでも受け入れる柔軟性が出てきます。相手を包み込むことができるというわけですね。

世の中には、様々な価値観や考え方の人がいます。価値観が違うと、相容れないのが普通でありまして、摩擦や衝突が起きてしまうのは、人の世の常です。

しかし、器が大きい人物の場合は、その様々な価値観の人と摩擦や衝突を起こさずに友達になることができるわけです。

『論語』には次のような章句あります。

「君子は和して同ぜず、小人は同じて和せず」です。立派な人物は、どんな人とでも仲良くできるが、むやみに同調はしない。器の小さい人は、すぐに同調してしまうのにすぐに、仲間割れを起こしてしまうという意味です。

つまり、小人、器の小さい小人は、自分と同じような人間同士で集まって派閥を作るが、すぐに対立や内部分裂を起こしてしまう。

反対に、君子、つまり、器の大きい人物の場合は、分け隔てなく人と仲良くなれるので、利害関係などで偏った人付き合いをすることがないわけです。人物の人の付き合い方はこうなのです。

器の大きい人は、自分の器の中に人間を入れることができます。つまり、自分と違った考え方を持つ他人を入れることができるということです。

器の中に、他者を入れるということは、その人の全人格を、あるがままに受け入れることができるということです。良い所だけでなく、悪い所も認めて活かすことができます。

『論語』の中に、次の一節があります。

「君子は人の美を成す」です。立派な人は相手の美点を見つけて、それを助け大成させるという意味です。欠点を粗探しするのではなく、美点を発見するというわけですね。

このように、器の大きい人物は、メリットや条件で人を選ばずに、そのままの相手を包み込むのです。条件など気にしないで、人を受け入れることができることが、器のある人物の特徴ですね。

では、どうすれば、どんな人でも包み込むことができるのでしょうか。嫌いな人でも分け隔てなく接することができるのでしょうか。

それは「敬天愛人」、つまり、天を敬い、人を愛する、の境地ではないかと思います。天を敬うとは、天の存在を自覚し、畏れ敬うことです。つまりこの世界を包み込む天と一体化する境地です。つまり、敬天愛人とは、より大きい全体的なものと一体化していく境地であり、誰か一人を対称とするということではありません。人は皆、素晴らしいものを持っているという性善説、全肯定に立てるということです。
そうなるためには、知命・立命の項でお話ししましたが、自分の人生は、どこかで天に導かれていることを実感することです。

難しいことですよね。だからこそ、人間学を追求することが大切なのです。自分が存在する理由を知って、それがまさに天の計らいでないと説明できないことを突きつけられて、最終的に天の存在を受け入れるのです。

天の理は、仁といえます。天は、この世界を一体化する働きだからです。だから人間の最高の徳目を仁というのです。自分の心を、天と同じように大きくできると想像することからはじめると良いかもしれません。

天が、誰をも区別することなく包み込むように。自他の境を消し去って、すべてのものを包容し、一体化する。これこそが、器量人の境地ですね。

図２５ 人物の持つ器とは（第4章-1）

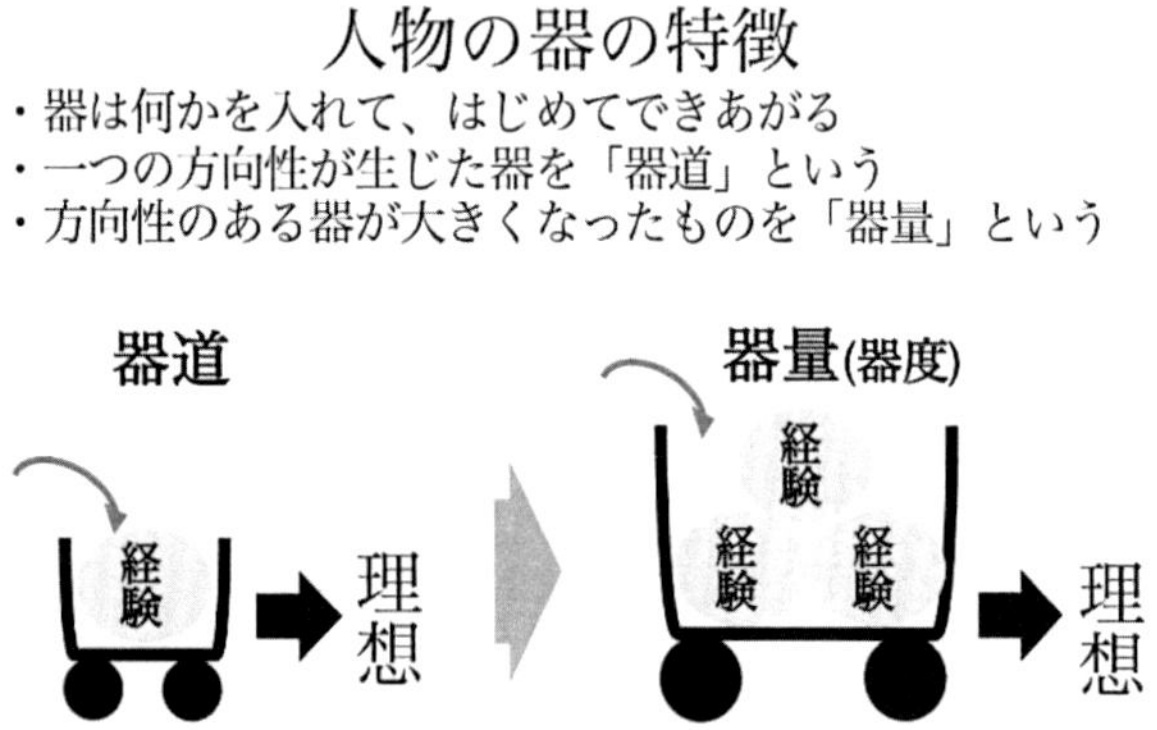
人物の器の特徴
・器は何かを入れて、はじめてできあがる
・一つの方向性が生じた器を「器道」という
・方向性のある器が大きくなったものを「器量」という
器道
経験
理想
器量(器度)
経験
経験
経験
理想

図２６ 器が広がっていく流れ（第4章-1）

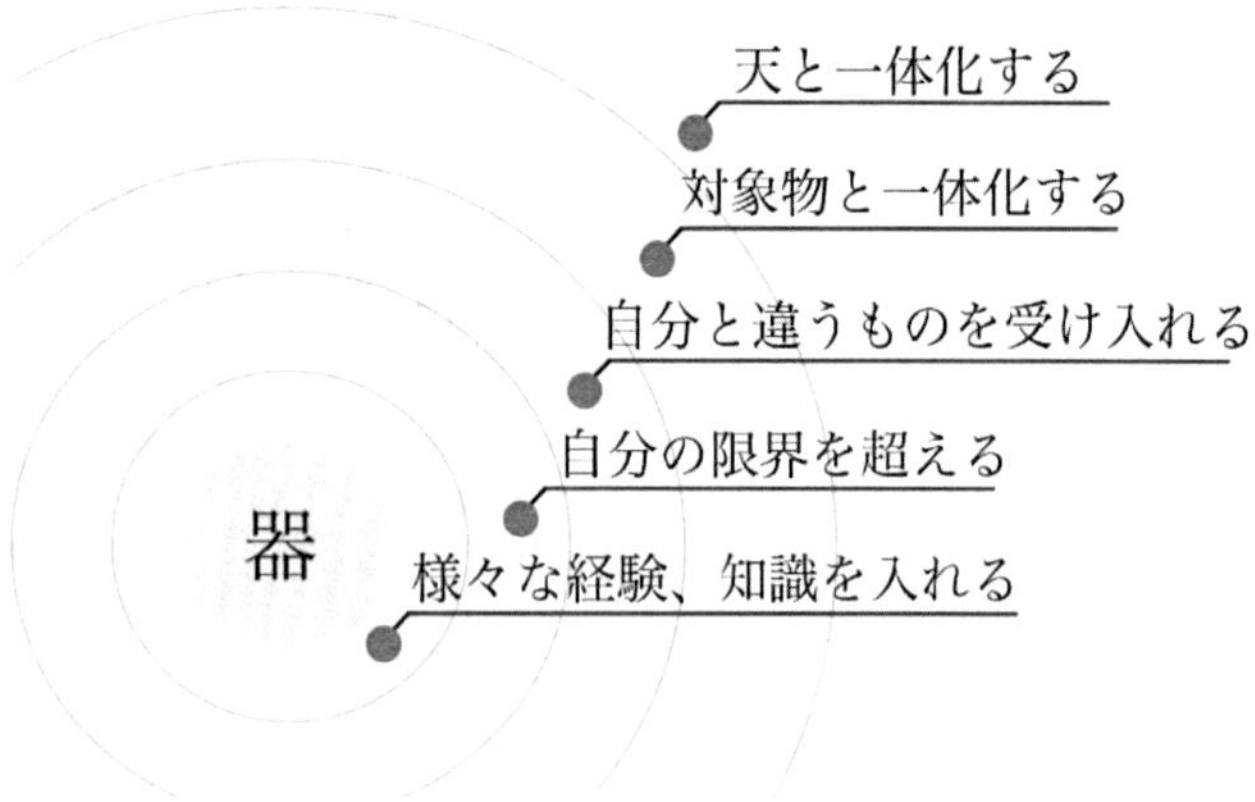
天と一体化する
対象物と一体化する
自分と違うものを受け入れる
自分の限界を超える
器
様々な経験、知識を入れる

2　器の大きくする三つのステップ

自分のキャパシティーの限界を超える

ここからは、人間の器を大きくしていくことに焦点を当てていきたいと思います。私の経験から次の三つのステップを導き出しました。

器の小さい人や大きい人の特徴から、そのタイプを三つに分けたいと思います。

その前に、まず器の小さい人の特徴を羅列してみたいと思います。

些細なことでパニックに陥ってしまう、自分のこだわりが強くて、好きなもの以外を受け入れることができない、仕事などで大きい責任を負うことができない」、リスクを取れない、保身に走るような行動をしてしまう、他者の気持ちへの共感が少ない、他者と対立ばかりしてしまう、等です。

では反対に、器の大きい人の特徴を羅列してみたいと思います。

忙しくても悠々としている、どんなことがあっても動じることがない、自分と違うものを受け入れることができる、自分が理解できていないものでも受け入れることができる、自己犠牲心がある、極限状態に陥ったときに肚をくれる、人の気持ちに対して共感し寄り添うことができる、憎んでいる相手を許せる、大事を任せられるなどが挙げられます。

以上のような特徴があるわけですが、さらに段階に分けてみると、「物事に対応できるキャパシティー」「自分と違うものを受け入れられる」「ネガティブな感情を乗り越えられる」の三つになります。

それでは一つ目のステップである物事に対応できるキャパシティーから説明をしていきたいと思います。このステップは、同時にたくさんの問題や難しい問題を解決することができるということです。

そして、この物事に対応できるキャパシティーを大きくするためには、自分の限界に挑戦して乗り越えていくことが、基本的な方法です。

器の大きさとは、どんなに強い負荷がかかっても、自分の身を保てることができる尺度であり、人それぞれが、自分の経験の中で、限界にチャレンジすることで鍛えられるものだと思います。

私は、最近になってようやく少し、仕事の負荷に耐えられるようになったのですが、少し前までの私は、ストレスや負荷が少しでもかかると、すぐにテンパってしまう人間でした。慌てふためいて、ダウンしてしまうのです。

私は、これまでの人生で、何回も取り乱してきましたので、人間が混乱してしまう理由がわかります。人は、自分で処理できない問題を、同時多発的に対応しなければならない状況に陥ると、どうしようもできなくなってパンクします。経験が少ない若い時に、このような経験をすることが多いですね。

『史記』や『三国志』などの歴史の漫画の中に、次のようなシーンがあります。前線で戦う自国の軍隊が次々と敗れて、悪い報告が、次々と本国に伝えられる中、敵軍が今にも本拠地に迫っている状況です。器のない君主は、自分一人で逃げてしまうケースも少なくありません。自分を失うほど取り乱すシーンですね。

それでは取り乱さないようになるための方法を、三つほど紹介したいと思います。

まずが一つ目は、先述したように、様々な経験をするということです。

特に大切なことは、目的意識を持って未体験ゾーン、つまり、自分の限界にチャレンジするような経験をすることです。そこで、逆境や苦難、さまざまな修羅場を経験して、物事の対応能力を高めるということです。

二つ目は、物事を俯瞰してみるということです。つまり、全体像をしっかりと理解するということです。そのためには意識的に一つ上の視点から、物事を眺めることです。そうすると本質を掴むことができます。

物事は、全体性の中に、本質があります。（陰陽相対理論では、全体が陰、個体は陽でした）だから、全体像を掴めると本質も見えてきます。問題を解決する方法も明らかになり、ストレスも軽減してくるわけです。

そうはいっても、自分が当事者になると、途端に、自分が見えなくなるのが、人間です。目の前の問題に意識を奪われて、自分が置かれている状況がわからなくなります。そういうときに、いつも通りの平常心を保つためには、普段から全体の動きを観察していることが大切です。

そして三つ目は、ストレス耐性を作ること、つまり、肚を鍛えることです。

つまり、意識的にストレスを感じるような環境に身を置いて、その環境で踏ん張ることで底力をつけることです。器を大きくするためには、厳しい環境で仕事をするということですね。役職や地位が高くなると、自ずと緊張感のある環境になりますので、糸がピンと張ったような精神状態を作ることができます。人の上に立つ自覚を持つのもよいかもしれません。

会社や社会から自分を守ってもらうのが当たり前だと考えると、器を大きくする必要性はないかもしれませんね。自分が、会社や社会を守るのだという意識になれば、自分から厳しい環境を求めていきます。時代と逆行するかもしれませんが、若く体力のあるときは、厳しい環境に身をおいた方が、人の上に立った時に、その経験が役立つでしょう。

自分と違うものと受け入れる

次は二つ目のステップは、自分と違うものを受け入れることです。

二つ目のステップに進むと、難しさが格段に上がります。一つ目が一階の高さならば、二つ目は、二階や三階の高さといえるでしょう。

皆さん、器の大きさなんて関係ないと思わないでくださいね。三つのステップのすべてが、人生をより良く生きるために、必要な能力ともいえるのです。

例えば、結婚している人であれば、誰もが、夫婦喧嘩くらいするでしょう。それもつまるところは、自分と違う価値観のある配偶者を受け入れるかどうかの問題です。

人生の中では、喧嘩別れして離れ離れになってしまった友人や仲間が一人や二人いるのではないかと思います。もしここで学んだ器の大きさがあれば、そういうこともなかったかもしれません。

さて二つのステップです。自分と違うものを受け入れることについてですが、そもそも論になりますが、人は、自分と違う存在を受け入れなければならないときに試されるといえますね。

かくいう私も、学生時代、不良に目をつけられて虐められた経験があるため、若いときは、どうしても不良というか、ヤンチャをしている人を受け入れることができませんでした。先入観で相手を一括りにしてしまい、その存在を否定をしていました。

皆さんの中にも、過去に嫌な経験をしている方がいるかもしれませんよね。傷ついた経験があると、あいつだけは受け入れられないと反射的に心を閉ざしてしまいます。

こういう状況下で、自分を客観的に見ることはとても難しいのですが、それを乗り越えると器が広がります。

何も意識していないと、相手が間違っているという感情が、先行してしまうものですね。人は誰しも快楽を求め、苦痛を避けるという本能がありますから、仕方がないといえるかもしれません。しかし、自分を客観的に見ることができると、違うものを受け入れないということは、苦痛から逃げていることだと分かりますから、そうしないで立ち向かう選択を発見できるようになります。

私の場合、人間学を学ぶようになって、自分と違うものを認めることができるようになってきました。自分と違うものを持つ人との出会いは、自分が持っていないものを学ぶ大きなチャンスになりますね。

実は、今の私の理解者の一人は、元不良で元プロの格闘家だった経歴をもっています。彼も私と同じように、中国古典や人間学を学んでおりますが、私とは違った道を歩んできたからこそ、学び方もそこから出てくる考え方も違うわけです。そこに大きな学びがありますし、器を大きくするヒントがあるというのです。

試しに、自分と違うものを受け入れることができない人と話してみてください。近くにいない場合は、ネットやテレビで政治家や評論家などでそういう傾向を持っていそうな人を観察してみるとよいでしょう。

例えば、部下の意見を絶対に認めない上司がいます。部下達は、意見をいうだけで怒られるので、皆、諦めてイエスマンになっています。

そういう人が自分の上司ならば、毎日が辛い状況だと思いますが、考え方を改めると、貴重な経験を学ぶチャンスでもあります。

その上司に自分の意見を伝えてみて、嫌な顔をされ、怒られたときに、上司の顔を見つめるのです。感情的になった時の顔には、その人の本心が透けて見えるものです。

他人を拒絶するような人は、大体の場合、自信がないなどの弱さを隠していますね。怒っている顔の中にも不安が透けて見えたり、快感を感じていたり、何かしらの問題を抱えています…弱さを怒りに変えている人を理解できると、強さが優しさになることが理解できます。

そして重要なことは、それを自分に置き換えてみることです。なぜ自分はあの人を受け入れることができないのか…何が気に食わないのだろうか、と。

こういう問いかけを繰り返していると、自分が自分の弱さを認めていないのだな、誰しもが持つ弱さというものを無視しているのだなということに気が付きます。

どんな人間も、最初は弱いのです。自信がないのです。自信のある人は、それだけの経験をして強くなっているわけです。

しかし人間は身勝手な存在でして、それなりの経験をして強くなっている人の根拠を認められないわけです。そして強がってしまう弱さを出してしまうのです。自分を律し、戒めることができると強くなります。

心の中に、不安や自信のなさがあるのに、表面的に強がってしまい、他者を拒絶する、否定するということを繰り返していると、周囲からは問題のある人だと距離を置かれてしまいます。それなのに自分だけは、正しいと思っていて、自分の有能さを認めさせようとするわけです。しかし本当の強さとは、自分の弱さを受け入れて、他者を認めることで培われるものです。

その人はそういう考えをしているのだなと受け入れてみるだけで良いのです。認めるということは、その人の存在を認めるだけで良いのです。あなたはそうなのですねと思って、それもアリだと思うだけです。その人にとっては、それがいいわけですからね。

世の中には自分と違うものしかありません。その違うものを前にして、相手を否定し、拒絶をしているようでは、戦いだけの人生になってしまいますね。どんな時もまず受け止める姿勢でいると、少しずつ自分と違うものを受け入れられるようになってくると思います。

憎悪を乗り越える

三つ目は、「ネガティブな感情を乗り越えられる」です。喧嘩して憎しみあう相手とのネガティブな感情の処理をどうするかです。

皆さんも経験があるのではないかと思うのですが、仲違いをした相手が、敵対的な態度をとってくると、こちらも心を閉ざして、相手に対して敵対的な態度で対抗してしまいますね。

双方が憎しみあい、敵対的な態度で接し続けると、争いはどんどん過激になっていきます。争いが大きくなって、一度でも、憎しみ、怒り、憤り、軽蔑といった負の感情を爆発させてしまうと、互いに歩み寄ることが不可能になってしまいます。

このような根深い対立を止めることができるのが、器の大きい人物ということですね。

日本の歴史に置いて根深い対立関係を解消した人物といえば、明治維新の立役者の一人、西郷隆盛がいます。幕末の維新の動乱、西郷隆盛が成し遂げた役割は非常に大きいものがあります。西郷隆盛のような偉人から学ぶことも大切です。

当時、日本を含めて東アジアには欧米列強が、帝国主義による侵略の矛先を向けられていました。虎視眈々と侵略する隙を伺っていたのです。そのような状況の中、維新が大きく動き出したのは、薩摩藩と長州藩の同盟です。

当時の長州藩と薩摩藩は敵対する関係であり、長州藩は、薩摩藩に怨念に近い感情を持っていました。その長州藩と薩摩藩の手を結ぶに至らせたのが、西郷隆盛の人間的なスケールの大きさでした。西郷隆盛という人間から滲み出る底はかとない暖かさ、懐の深さというものに、長州藩の人たちは親しみと信頼を覚えたのでないかと思います。

では、なぜ長州藩の人たちは、西郷隆盛を信頼したのでしょうか。

まず挙げられるのは、相手の感情を受け止めたということです。西郷隆盛は、長州藩の人道が発した恨み節、朝敵となってしまったことによる悲痛な叫び、怨念に近い感情をすべて受け止めた、受け止め切りました。

人間は自分のすべてを受け止めてくれた人を信頼するのです。

西郷隆盛という人間は、苦労人です。主君である※三二島津斉彬公を失くし、失意のそこで流水自殺を計り、二度の島流しにあうなど大変な苦難を経験しています。この苦難が、西郷隆盛の器を大きくし、宿敵だった長州の怨念に近い感情さえも受け止め、薩長同盟を成立させるに至ったのです。

西郷隆盛は、「胆識」を持つ人物です。敬天愛人、つまり天と一体化した境地に達

三二　一八〇九年～一八五八年。江戸時代後期から幕末の大名で、薩摩藩十一代藩主。薩摩藩による富国強兵や殖産興業に着手し国政改革にも貢献した幕末の名君である。西郷隆盛ら幕末に活躍する人材も育てた。

していました。

人事を尽くして天命を待つという境地に到達することを、「任天」といいます。天は、誰かを贔屓するような特別な意図を働かせるということはありません。その天に、自分の一切を任すのです。

自分も相手も、同じようにこの世界を構成する一要素です。天と同じように、誰も憎まないし排除しないという心境になるのです。それを「去私」というのですが、自分を取り去って、自分のことに捉われなくなります。

自分に捉われなくなると、保身がなくなります。いついかなる状況や誰に対しても、誠意を込めた行動しかなくなるのです。例え相手の怒りが、我が身に向かい、殺されかねない状況であっても、それもよしと受け止めるのです。そういう危険を前にして、自分を捨てた勇気を発揮するのです。

憎悪の感情を持つ人の感情を受け止めるためには、この場をなんとかやり過ごせばよいなどといった保身を一切持たず、誠意を尽くすことに集中します。

さて皆さんは、本気で誰かを怒らせてしまったことありますか。もしくは悲しませてしまったことはありますか。

そういうときに、あんなに怒らなくなっていいじゃないかと思うのではなく、とことん向き合って誠意を込めた謝罪をする。そのときは、一切の保身を考えない、殺されてもいい、結果を、天に任せると腹を括るのです。非常に大きな器がなければできることではありませんが、そういうチャレンジをしてみてください。

以上が、器を大きくするための三つのステップです。「対応できることのキャパシティー」「自分と違うものを受け入れられる」「ネガティブな感情を乗り越えられる」の順番です

一つ目は、いわゆるタスク量でした。限界を超えることで量も質も対処できるようになりますね。

二つ目になると「考え方」になり、自分の内面の状況によって拒絶してしまうようになりました。

三つ目になると、「感情」や「人格」になりました。感情を受け入れるということになると容易ではなくなるのです。さらにそれが、憎悪などネガティブな感情になると、よほどの器が求められるということでした。

器を大きくすることは、一長一短でできるような話ではありません。

今回のお話しから全体像を抑え、じっくりと順番を追って成長させていってほしいと思います。

前述しましたが、器は。日常の出来事の対応力に繫がります。つまり人生をよりよくするものですから、とっても大切ですよ。

図２７ 器に入れるものについて (第4章-2)

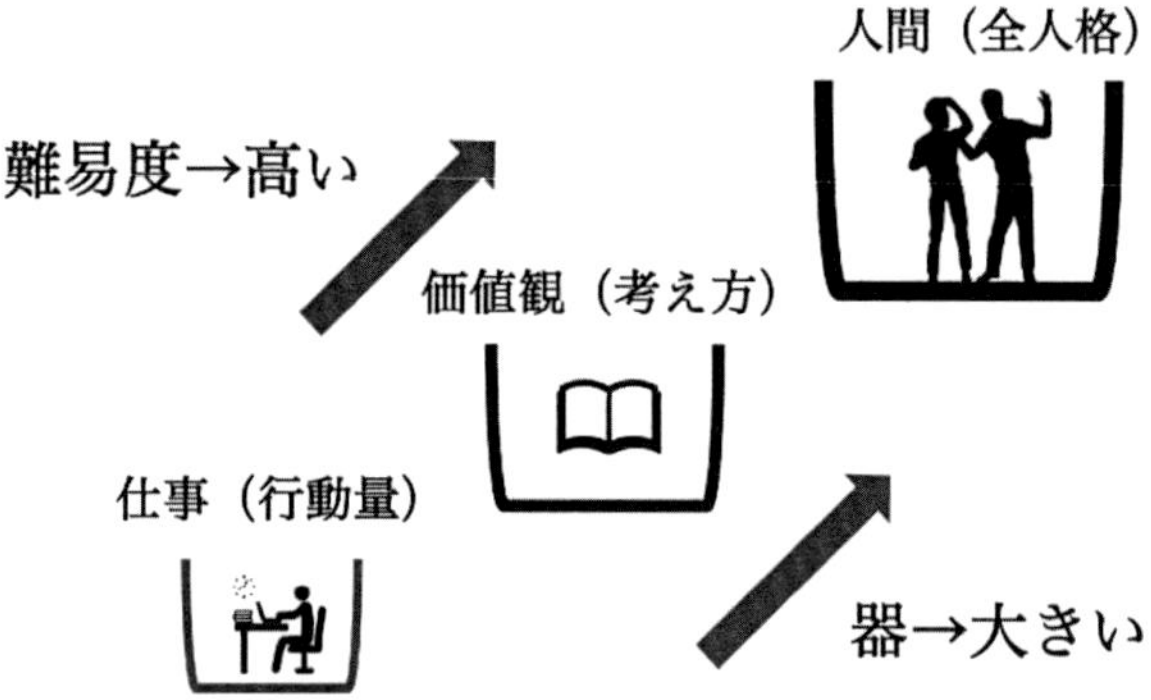
人間（全人格）
難易度→高い
価値観（考え方）
仕事（行動量）
器→大きい

図２８ 器を大きくするための３ステップ (第4章-2)

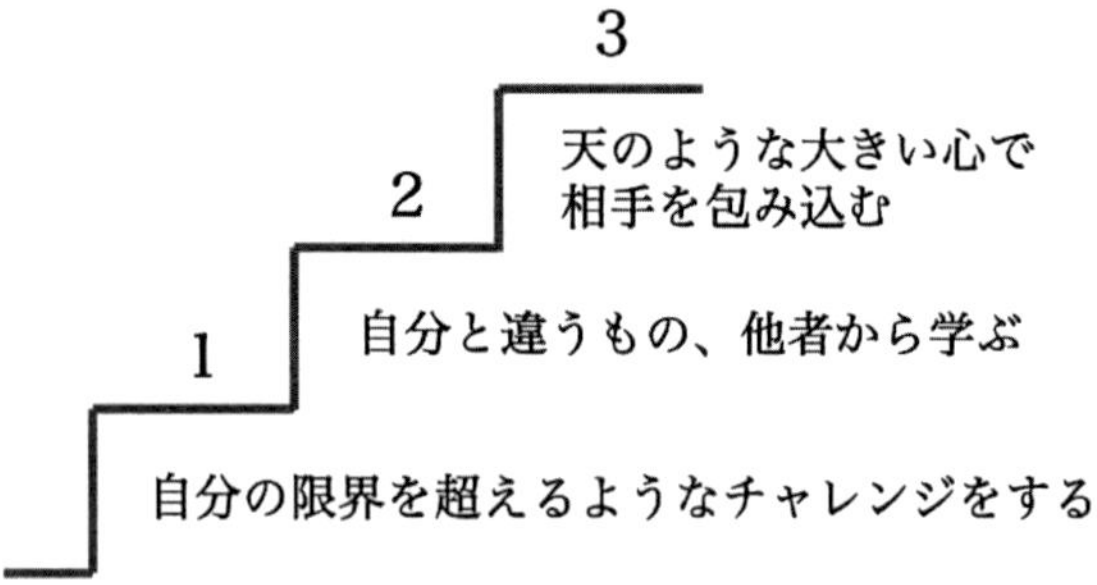
3
天のような大きい心で
相手を包み込む
2
自分と違うもの、他者から学ぶ
1
自分の限界を超えるようなチャレンジをする

3　逆境に耐える自分を作る方法

人生の修羅場に打ちのめされて

ここからは、非常事態における身の保ち方について説明していきます。

本題に入る前に、まず私が経験した修羅場や苦難について、少しだけお話しをさせてください。

三十代の中頃の話になりますが、私は、起業した会社の経営に失敗し、精神を病んでしまい自殺する一歩手前まで陥ってしまったことがあります。

その理由は、いわゆる反社会的な人と関わってしまったのです。弁がたって頭も良く自分の利益のためには手段を選ばないという人です。狙った相手の骨の髄までしゃぶり尽そうという悪魔のような人間を、自分の会社に入社させるという間違いを犯してしまったのです。

何も知らない無防備な状態で、詐欺師や新興宗教の教祖が、相手を洗脳するのに似た手口を受け続けたのです。その結果、私は、精神的に洗脳され支配を受ける状態になりました。暴力でいつも青あざがありました。恐怖で支配され、キャッシュカードなどのライフラインもすべて奪われてしまいました。
相手の方が知能も高く腕力もあり、言葉もたくみで、悪意を持ち、私をコントロールしようとしてきました。嘘と根回しで、親しい人との人間関係も絶たれてしまいました。逃げることができない奴隷になってしまったのです。

今、振り返ると犯罪行為だとわかりますが、恐怖と甘い言葉によって洗脳されていて何もできなくなりました。お世話になっている人に迷惑をかけられない、会社を守りたいという心も利用されてしまいました。
最初の頃は、自分でなんとかしようとしましたが、すぐにまともな思考力もなくなって、逃げることさえできなくなりました。時間とともに相手の反応が過激になっていき、日常的に怒鳴る、蹴る殴るで、恐怖で震えていました。

夜遅くまでお酒を飲まされてフラフラにさせられ、彼に道路の真ん中でボコボコに殴られて蹴られ、顔面に唾を吐きかけられるということがありました。殺されるという恐怖、情けなく助けすら呼べずにふるえるだけ、このような経験を何度も繰り返すと人間は心を壊してしまいます。

私は、目が虚ろになり、廃人のようになってしまったのです。このような状況から死なずに助かったのは運が良かったといえるかもしれません。この問題に気がついて助けくれた法律の専門家がいて、手を尽くしてくれて、なんとか逃げ出すことができたのです。そのおかげで人生を再起することができました。

この出来事は、私の人間としての尊厳や人間学を学んでいたという誇りを木っ端微塵に壊してしまいました。

このような普通ではない極限状態といえる修羅場を前にして、自分がなんと無力で情けない人間なのだろうかと思い知らされたのです。この出来事が起きる前までの私は、なんとも恥ずかしい話ですが、自分のことを、有能で徳の高い人間だと自負していました。

天は、みごとに私の鼻柱をへし折ったわけです。

しかし、本当に苦しいことは、事件そのものではなく、その後にあります。志を捨ててしまったことへの後悔、過去に偉そうな事をいっていた自分への恥ずかしさが襲いかかってきました。その後、私を苦しめ続けました。

私が、本当の意味で強くなったのは、この経験に向き合い、謙虚に学んでいこうとしてからです。この後も、アルバイト生活など苦しいこともありましたが、これらの経験が、志を固めるために必要な学びだと理解できるようになって、再起できるようになりました。

自分という人間がとことん駄目だと心から受け止めてから、それでも希望を持って再起しようとすることに、人間を強くする一つのヒントがあるのではないかと思います。

どんなに悲惨で無様な過去があってもかまわないのです。人間ですから、弱さも失敗もあります。そこから人間的に強くなって、志を打ち立てて、自信を持って生きることができれば、人生の真実があると思うのです。成功するとかお金持ちになるといったことは、どうでもいいことではありませんか。貧乏でのたれ死んだとしても、手元に『論語』の一冊があって、心が自由であれば、死ぬ瞬間まで幸せだと思うのです。

自分を練磨する

どうやって自分を練り鍛えていくべきか、自分を練磨する方法について、私の経験をお話したいと思います。

「練磨」とは、精神や意志を練り固めていくことです。自分の器を大きくすることに繋がります。学問的練磨、精神的練磨、経験的練磨の三種類があります。自分を強くして、人生の荒波を乗り越える力を身につける方法ですね。

まずはおさらいをしましょう、人間的に成長すること、器を大きくするということはどういうことであるか、それは前述した通り、確かな自分というものを作るということからスタートするといいましたね。確かな自分を作るということは、「ここまでは絶対に大丈夫」という精神的な面で裏付けを作っていくことです。確かな自分を獲得するために、この三つの練磨に取り組むというわけです。

それぞれを説明すると、学問的練磨は、本学である人間学を通して、人間性や人間力を高める知識を身につけることです。精神的練磨は、学問的練磨で学んだ知識を土台にして、さらに問いを持つことで、自分の理想を追求していくことです。

そして三つ目の経験的練磨は、人生の様々な出来事を経験し、自分の理想に向かうための学びに変えます。喜怒哀楽の感情を経験しながら、人間やこの世界の理解を深めていくということといっても良いかもしれません。

この三つの練磨で重要なことは、「知行合一」です。ワンセットで考えることが重要で、得意なものだけ実践するのではなく、三つともが実践項目にします。

この三つを効率よく学ぶための順番は、「経験的練磨」→「学問的練磨」→「精神的練磨」→「経験的練磨」というようにぐるぐる回していくことです。もちろんこの順番がすべてではありませんが、行動して得た経験を土台にすると学びが繋がります。

色々なことにチャレンジして、経験を増やします。理想や志に向かうような体験がふさわしいです。そして、経験したことを、しっかりと定着させるために人間学を学びます。心を高める生き方を知識として学び、経験と知識を繋げます。

その上で、体験や知識を、内省など、内面を見つめることを通して、良い生き方のイメージや言葉を持つなど、精神に働きかけていくのです。その結果、心構え、態度、行動が変わってきます。心構えや態度や行動、さらにいうと習慣が変わると、出来事やご縁も変化し、新しい人生と成長が拓かれていきます。

習慣的に学ぶ人や精神修養の工夫を個別的に行う人は多いですが、経験を合わせて一気通貫させて、人生の喜怒哀楽の実感を得ている人は多くありません。
自分を錬磨する上で、重要なことは、日常の生活の中で自分を鍛える工夫をすることです。これを、「事上磨錬」といいます。「知行合一」と同じく「陽明学」の思想です。日常を自己鍛錬の場にすることが大切です。

例えば、お茶を入れるようなことでも、心を込めれば修行になりますね。仕事でもそうです。資料の整理やコピーなどの雑務も、心の持ち方一つで、修行になるわけですね。

人間学は、知識を得ることを目標にするのではなく、実感を得ることを目標にするべきだと考えます。

実感を得ることで、本当の理解があるのです。例えば、どんなに感動しても、映画や小説といった虚構だけでは、人生の喜怒哀楽や、人間の真実を知ることはできません。人生の喜怒哀楽や人情の機微を知ってはじめて、自分を錬磨したといえると思います。

中国の清朝末期の政治家に※三三曽国藩という人物がいます。彼の教えで「四耐四不訣」というものがあります。人生の逆境において、いかに身を処していくかを教えてくれるものです。

「冷《れい》に耐え、苦《く》に耐え、煩《はん》に耐え、閑《かん》に耐え、激《げき》せず、躁《さわ》がず、競《きそ》わず、随《したが》わず、以て大事を成すべし」です。

「冷」とは、冷遇や世間の冷たさです。悲しさや腹ただしい気持ちを抑え、耐えていかなければならない。「苦」は、苦しみや苦難のことです。人には言えない苦しみがあり、それに耐えないといけないわけです。「煩」とは、煩わしさ、喧騒した毎日の中で志を進めることができないもどかしさに耐えないといけないということです。「閑」とは、暇のことです。人生にはどうしようもなく暇なときというものがある。その時にどうしようもないことで時間を浪費してしまいます。

続いて「激せず」とは、興奮、感情的にならないことです。「躁がず」は、あわてでジタバタしないことです。「競わず」とは、くだらないことで競わないことです。「随わず」とは、自分が、どこに進めば良いかに迷って、人の後についていかないことです。

三三　1811年～1872年。中国清代末期の軍人、政治家。弱体化した清朝軍に代わり、湘軍を組織して太平天国の乱鎮圧に功績を挙げた。

苦難や逆境に陥っているときに、どのように過ごすのか、学ぶのかを教えてくれます。

自分は大丈夫だという確信は、このような生き方から得られるものです。

逆境や苦難は、陥っているときは、ただただ苦しいだけですが、自分を練磨する最高に教材になります。天は、乗り越えられるからこそ、その人に試練を与えるといいます。

その意味は、時間が経つことで理解できます。自分の人生を決定づけるものなります。

もし皆さんが、自分の使命を生きているならば、逆境や苦難こそが、天からのプレゼントであると思えるでしょう。

相手を恕す

次は、憎悪などのネガティブな感情を乗り越えることで、器を大きくする方法についてです。それは、相手を「恕《ゆる》す」ということです。

「恕す」とは、『論語』の中にある言葉で、相手を思いやる心、相手を許す心のことです。つまり、相手を許すことに実践しようということです。

例えば、間違いを犯した相手を許すことは、言葉ではいうのは簡単ですが、実行するとなると難しいですよね。心に余裕があれば、なんとも思わないことでも、自分に余裕がないときの場合は、許すことができなくなってしまうものです。

いつまでも恨み続けている人がいますね。このような人は、相手だけでなく、自分の時間も止めてしまっているといえます。相手を牢獄に入れる代わりに、自分も牢番をしなければならない状況です。相手を恨むということは、時間を止めることです。許すとは、止まった時間を動かすということなのです。

人によっては、心の牢番になることが必要な場合もありますが、器の大きい人は、その感情を乗り越えていきます。恨んで咎め続けることによって、相手を拘束することから卒業するのです。

なぜそうするのかというと、天を相手にしているからでしょう。天を相手にしている限り、目の前にいる人間に拘り続けないのです。

私たち人間の日常生活は、他者とのトラブル、摩擦を避けて通れませんよね。

例えば、正義感が強すぎる人の場合、常識やルールで白黒をつけてしまい、相手との感情的なシコリを解消せずに縁を切っていく人がいます。

このような人は、相手と会話する機会や間違いを改める機会、いうなれば成長するチャンスを与えない人といえます。器が小さいのです。そしてこれは、自分が成長する機会も放棄しているといえるのです。

器の大きい人は、自分が損害を受けるようなことでも、けじめがつけば、すぐに手打ちにして、相手の成長になるように手を差し伸べてあげます。未熟な相手の場合は、けじめをつけることにさえ、手を差し伸べてあげる人を見たことがあります。そういう人は、社会の中で人を育てている人で、立派ですね。

相手を許し、負い目を感じさせないように、後悔を残さないようにしてあげることは、一種の徳積みといえますね。

器の小さい人は、常に自分が優位に立つことを考えるため、相手の間違いを攻め続けられる材料に利用しようとし、それをそのままにしようとします。私の場合、そういう人と良い距離を保てるようになって、自分の力を発揮できるようになってきたように思います。

相手を許すとは、相手を包容し、自分の器の中に入れることといえるかもしれません。自分を人間的成長させることに繋がりますね。

例えば、非人道的な犯罪に巻き込まれてしまい、何十年も犯罪者を許せないということもあると思います。許しがたい出来事を許すということは、その出来事の意味を受け止めるということです。その出来事の意味を、未来に進んでいくための力に変えていくことになります。許し難い出来事は、天が、その人に与えた試練ということになります。

どんなことがあっても、最後は必ず許せる人になると、自分の周りに敵を残さない、無敵の人間になるということだといえますね。

皆さんにも、嫌いな人の一人や二人はいるでしょう。

しかし、その人たちとの間でシコリを残してしまうと、いつまでもマイナス感情を持ち続けしまいます。時間を止めて自分が成長する機会を失ってしまうか猛省があることを覚えておいてください。

人生には、常に、自分を成長させるという選択肢があります。それは、許すということですね。

仁者に敵なしの境地

中国古典の『孟子』の一節に「仁者に敵なし」という言葉があります。仁者は、誰に対しても愛情を持って接するので、憎む人、敵対する人がいないという意味ですね。先ほどの無敵の人ですね。

私の場合は、その解釈に加えて、次のように考えるようにしています。仁という相手を思いやって一体となるような境地に立てたなら、肚の括りができてくると思っています。

というのは、自分の中に、仁の心が溢れでてくることを、実感できた時、確固とした自信ができてくると思うからです。

仁は、最高の徳目とされるのですが、実は『論語』の中でも、具体的に、仁とは何かについて、明言していません。

明確にこれだ！　と言えないのが、仁なのです。

仁という漢字は、「人」という字と「二」という字の組み合わせでできていて、二人の人間の間にある思いやりというニュアンスがあります。私は、相手と同じ感情や立場になる一体感であると理解しています。「あなたの気持ちわかる」「あなたと一緒」というのが、仁の心です。

中国の明代になると儒学は発展して、前述した陽明学が出てきて、その中には、「万物一体の仁」という考え方が出てきます。すべてのものには等しく素晴らしい本質(陽明学では良知という)を持っているから、自分と同じように大切しなければならない、つまりそこには自他の境界がないということです。仁とは、すべてのものと一体化するところまで、大きくできるのです。

仁者は敵なしとは、相手と一体化し敵を敵としない境地といえます。相手やすべてと一体化する、これこそが人間が追い求める最高の境地の一つといえるかもしれませんね。人類がこの境地に立てたら、世界から戦争がなくなります。そのために、人間は、器を大きくしなければなりません。器が小さい人たちしかいないから、戦争が起きて争うのです。

天と心は通じている。自分を通して一体です。だから、天を敬うこと、心を尽すことの先に、万物一体の仁の境地があると思います。心の法則は、心が思い描いた通りになっていくのですから、心の影響力を、過小評価しないことが大事です。

正しい考え方を持つ努力をしていれば、それは結局、天の意志と違わないものであって、心に引っかかるものなどがなくなって、自然体でありながら、軸があるような人間になると思います。

私は、いろいろな人生経験の経た結果、すべてが一体で繋がっていることを、実感できるようになりました。すべてがパーフェクト、完璧であると思っています。だから、苦しいことがあっても、巡り巡ってプラスに転じるのではないかと考えています。

そのように思えるかどうかは、すべてが繋がっていて、一体であると思えるかどうかです。すべてが、分裂しているように感じているときは、自分が小さく、弱くて、運がない存在だと思ってしまいます。

すべてが繋がっていると感じられるようになるためには、まずはそう思うことですが、心には実現する力があることを体験することですね。

図２９ 自分を練磨する３つの方法 (第4章-3)

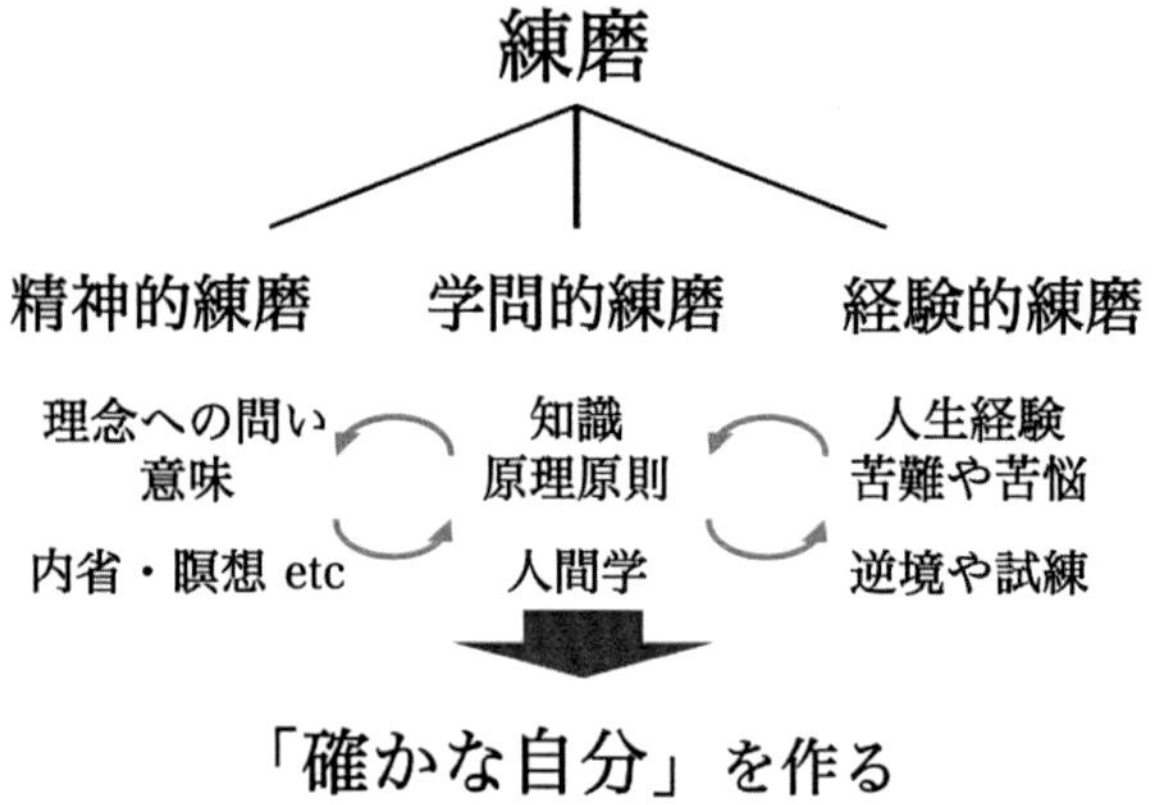

図３０ 万物一体の仁 (第4章-3)

天命を自覚する

ここまでくると、ある種の悟りの話といえますが、さらにもう一歩、深めていきましょう。

この人間学教室は、私の知る限りの知識をお伝えしたいと思います。私が悟っているというわけではないですよ。知識と体験が繋がって、理解できる部分をお伝えしたいと思います。

最後の境地は、天命の自覚することです。

前述した知命・立命や天を敬い一体化する境地の詳細な説明になります。

天命の自覚とは何かというと、この世界を司る天の法則があり、その法則によって自分も生かされているというような実感をベースに、自分の使命を自覚することです。自分の人生のすべての物語を、天命であると理解することです。

この世は、理不尽だとか、不条理だと感じている人がいます。

そういう人は、自分だけが損をしていて、世の中が不平等であると考えています。そして、その損害を自分一人だけがこの身で受けていると不満を持ってしまっています。

天命を自覚するためには、そういった人生の損害をも、トータルで見ることができて、自分がこの人生で為すもののために必要な要素、学びであると理解できることです。つまり、損害があっても、順調に考えられるのです。

そういう私も不満を持つ人間でした。私の若い頃は、虚弱体質でしたので、なぜ自分だけがガリガリな容姿で、運動も苦手、身体も弱いのだろうかと思い悩みました。女の子にも相手にされないし、理不尽な世の中だと思っていました。だから、弱いものイジメをするような不良に恋人がいて、人生を楽しんでいることが、なんて不平等な世界なのだ！と憤っておりました。

しかし、二十年以上の月日が経って、人間学を学んだ結果、すべてが繋がっていて、過去の経験や苦しい思いがプレゼントだったたと思えるようになりました。心身ともに虚弱体質だったおかげで、元気になることを実感できたのです、つまり、人間学を学ぶ上で必要な要素だったわけです。

心身が、元気になれば、自分の能力も開発され、精神も強くなって、意志を持ち、志を立てるようになります。人間の成長が、どのようなものであるかを理解するために、私の人生のスタート地点は、低く、弱くなるように決まっていたのだと思えたのです。虚弱体質で弱かったことが、素晴らしい！　と思えたのです。

そして、私の名前は「成人《なると》」というのですが、これは「人と成る」、つまり「人物になる」という意味です。

名は体を表すといいますが、人間学が、私の天命になるのは、命名されたときから決まっていたとさえ思えました。すべて繋がっている！　天が存在しなければ、説明できない！　と思うことができました。

だから、私が、人間が成長してくプロセスに興味を持つことは必然ですね。自分の中の小さな変化や成長に気がつける能力があることもそうです。まさに、天命や天の計らいです。

天命や天の計らいというものに気がつくと、自分の生い立ち、苦難に遭遇した理由、すべてが学ぶためだったとわかってしまうのです。

器の大きい人は、人生の一切、すべてを受け入れています。この部分は良かったけど、この部分は良くないというような選りは好みしません。自分の人生全部を愛し、自分の人生は、自分の身一つで走るしかないと理解しているのです。

人の人生は、一つの物語です。天の計らいです。

天の計らいに気が付くも、気が付かないのも自分次第ですね。そして、人生とは、天命をどれだけ詳細に自覚できるかで決まるといえますね。そして、それをベースに、人生を創造していくかです。なんと自由な世界でしょうか。

壮大な話になってしまいましたが、すべての人に等しく与えられているのが、天命だと思ってください。どんな人も平等です。自由です。自分の人生は、自分だけのもの、自分で掴むことでしか前に進めないのです。

命の価値に気がつく

器については、これで最後になります。

最後のテーマは、死生観を持つこと、そして、今に目を向けることです。

人間は、どんな人でも必ず死にますね。それは確実なことで、二百年を生きた人は、世界を見渡しても、たった一人もいません。死ぬという運命からは、誰も逃げることはできません。どんな人でも必ず死ぬのです。

人間学は、人生をいかに生きるべきかを追及する学問であると、はじめに述べました。いかに生きるべきかを本気で突き詰めていけば、必ず自分の死を意識します。

自分はどんな風に死ぬのだろうか、少しは世の中に貢献しただろうか、目標を達成できただろうか、というように自分の死の瞬間を想像することもあるでしょう。「死は、生なり」とあるように、「死」と「生」は、裏表の関係であり、生を輝かせようと思ったら、死を輝かせなければならないし、その反対でもあります。死を考えることは、死生観に繋がりますね。

人間学の命題であるいかに生きるべきか、そして死生観を突き詰めていくと。命の価値に行き着きます。人生二度なしですね。自分の命、人生の代わりになるものは、他には存在しません。命の絶対性といいます。

命の絶対性に思い至ると、さらに二つの真理に辿り着きます。

一つ目は、今、ここで全力を尽くさければならないということです。人生とは、今という瞬間の連続です。突き詰めると、命が、今、この一瞬にしかないということに思いたります。ですから、自分の立つこの場所で、今、この一瞬に集中し、力を尽くしていくこと以外に、命がないことがわかるのです。

もう一つは、命の悠久性です。私の命というものは、宇宙が生まれてから、太陽、そして地球が生まれ、有機物から生物が生まれ、哺乳類、人類が誕生し、それからずっと、今に至るまで先祖が生きてきたから、両親が存在でき、自分が生まれたら存在しているものです。命のバトンを渡して続けてくれたから、自分が存在しているのです。この命は、宇宙の誕生から続く、悠久の存在といえます。これまでのすべての先祖が、自分の命を生き、命を運んできたという事実があります。一人として欠けたなら、自分は存在できていません。

命の悠久性を思い至れると、この命のあることが奇跡としか思えなくなってくるわけです。この奇跡によって生まれたのが自分ですね。

自分の命は、まさに天の働きの一部です。天の存在から、我が命は片ときも離れることができません。

命は、絶対性と悠久性の二つを兼ねたものです。自分の命が、何なのか言い表すことはできません。ただ一ついえることは、本気で生きなければ、ならないということです。そこに理由はありません。

この限りある命を。大切に生きるという想いが込み上がってきますね。これを「惜命」といいます。命を惜しむことです。

このように命の価値がわかると、どんなに苦しいことがあっても乗り越えるぞという肚の括りが出てくるのです。人間学は、命の価値を思い至って向き合う学問なのです。

器の大きい人が、なぜ、どのような状況においても動じないのかというと、死生観を悟り、天命を自覚し、命の価値を理解して、本気で生きるからです。人生を創造するということは、生半可なことではないのです。

自分の先祖の数を数えてみても良いですね。

十代を遡ると１０２４人の先祖がいるのです。二十代を遡ると、１０２４×１０２４になりますから、約１００万人の先祖が存在することがわかります。その一人が、自分の同じように人生を生き抜いてきた存在であることを想像してみてください。

自分の命は、数えきれない命が繋がっての存在です。私は、全ての先祖の集大成であり、たった一人でも存在できていなければ自分が存在していないというものです。あなたの「命」は、まさに奇跡の存在なのですよ。

皆さんに、自分なりに、自分の命について考えてみてください。人間学の中心命題、いかに生きるのかについて、そしていかに死ぬべきかについて、死ぬときまで考え抜いてください。

図３１ 相手を恕す器とは（第4章-3）

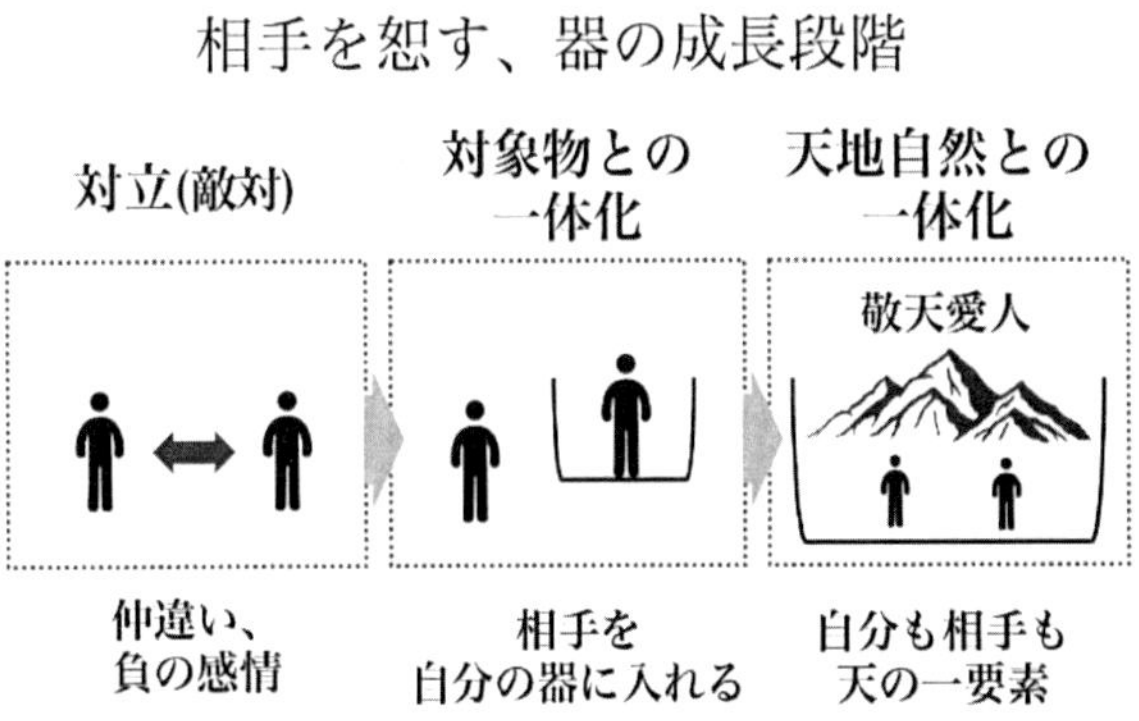

図３２ 死生観（第4章-3）

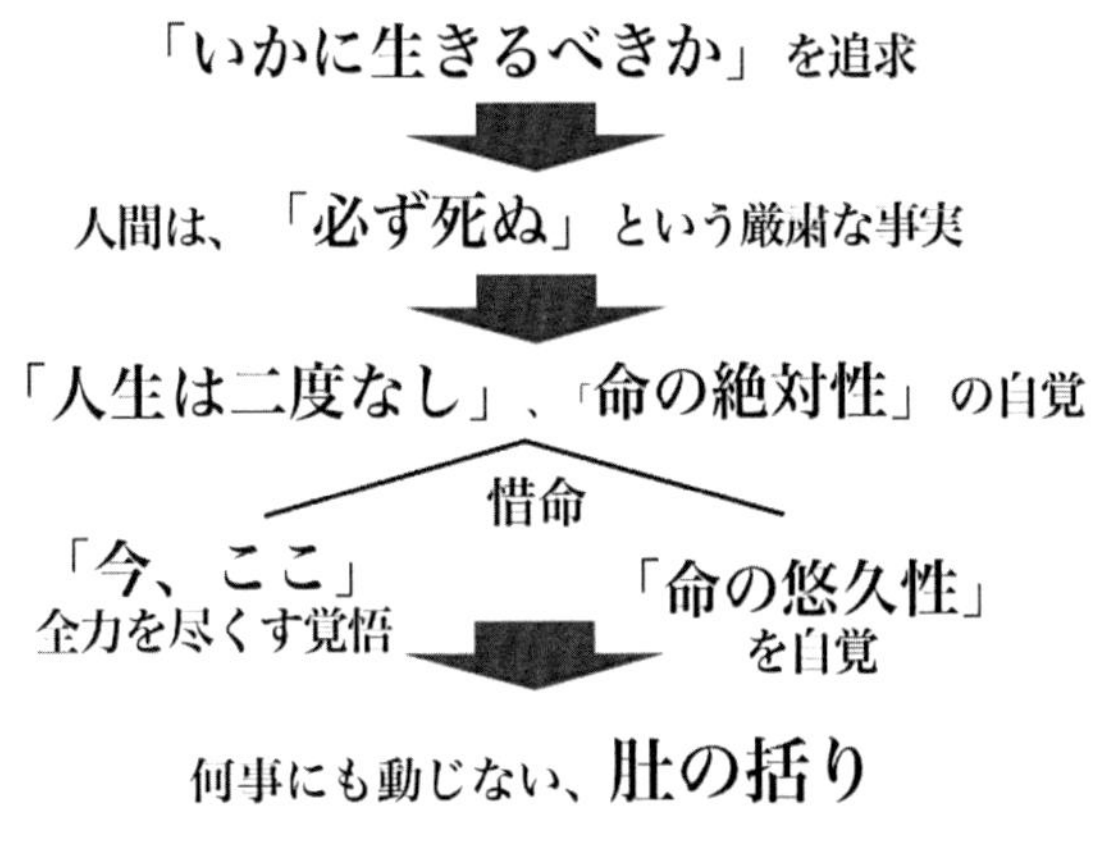

図３３ 人物の器まとめ（第4章）

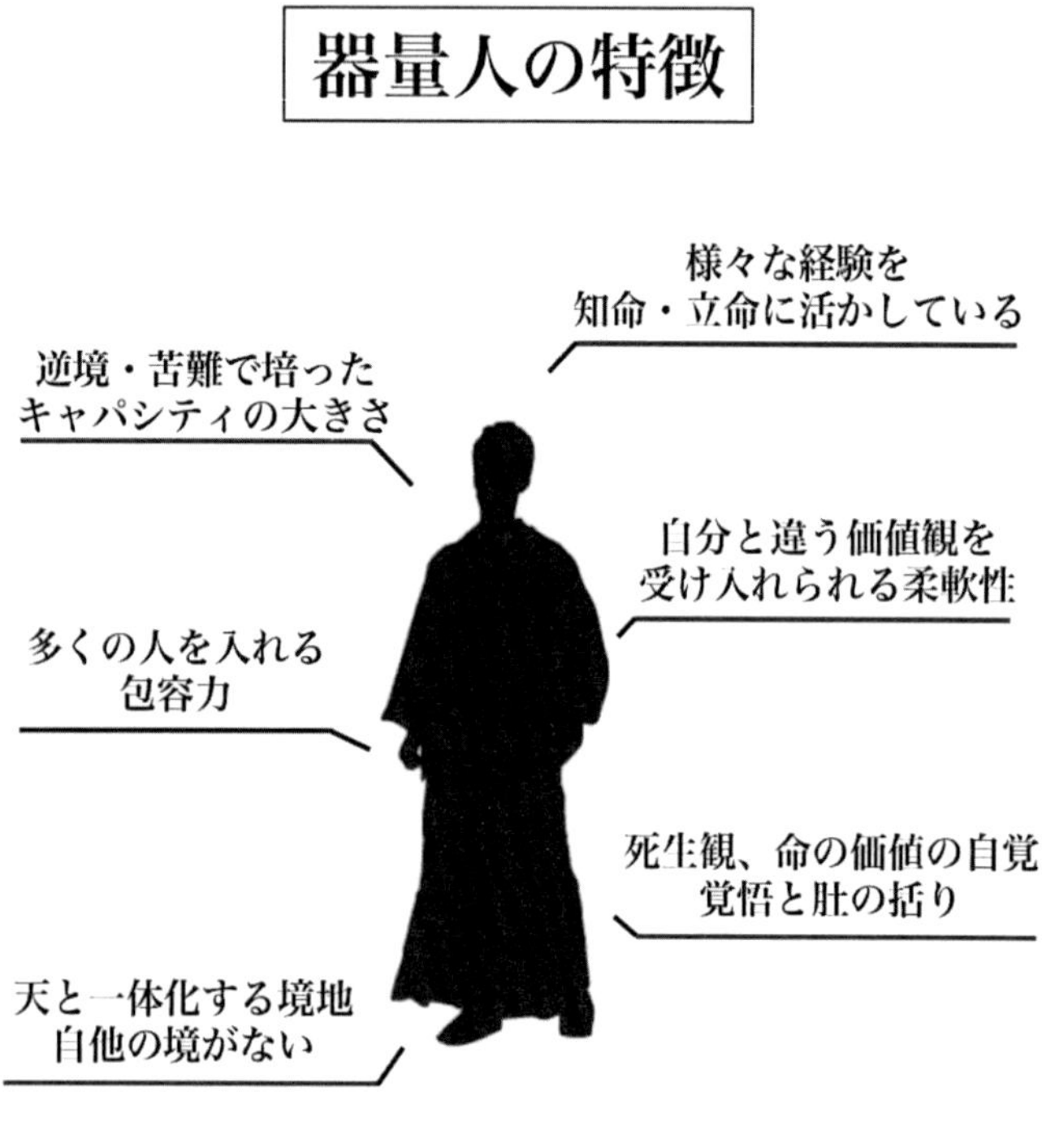

器量人の特徴
様々な経験を
知命・立命に活かしている
逆境・苦難で培った
キャパシティの大きさ
自分と違う価値観を
受け入れられる柔軟性
多くの人を入れる
包容力
死生観、命の価値の自覚
覚悟と肚の括り
天と一体化する境地
自他の境がない

第五章　人生を拓くための機と直観力の考察

1　機を掴み、人生を創造する

人物の人生

ここからは、人生を創造するための人生の選択について、お話をしたいと思います。

人物は、人生を創造しようと努力します。今のままの状態に甘んじることがありません。必ず人生の中で何かを成し遂げようとします。生きた足跡を残します。人生の選択肢を、適当にしません。主体的に人生を生きて、宿命に流されることはありません。

また、人物が、いかに主体的に生きるといっても、めったやたら行動をするわけではありません。その行動は、機を読み、機を掴み、機に乗じて、人生を拓くのです。

そうはいっても、実際のところ、機が何なのか、よくわかないというのが本当のところですよね。

まず、機とは、私たちが存在する時間と空間の間に無数に存在する、自分の人生の流れや世の中の流れを変える、ある種のボタンといえるものです。

一年に一度、実施される学校の試験のようなものではなく、何もないところに発見し、利用しないといけません。人生のステージを一段高いところにジャンプさせるとび台のようなものでもあります。

ボタンを押してとび台を作動させ、高いところにジャンプするのです。ジャンプすると、流れが変わります。流れに乗ることを、機を掴むというではないかと思います。

流れを変えるタイミングである機は、失う場合もあれば、現れる場合もあります。どちらにしても私たちの生きえるこの世界では、目で見ることはできません。感覚で掴むしか方法がないのです。

人生を創造しようとする立命的な生き方をするならば、この機を発見することが、行動を起こす唯一の動機になります。機のない状況では行動を起こさないのです。そして、いざ機を発見したら、掴み取ろうと断行するのです。

人物が行動を起こすことは、この世界にうねりを作ることといえます。時代を動かします。周囲の人間たちを動かすのです。大義や志が、そのうねりの方向を決定するのです。

そういう機を掴む生き方の目的は、ハッピーエンドを目指していない場合も多いといえます。西郷隆盛にしかり、※三四楠木正成や吉田松陰、※三五橋本左内にしてもそうです。志半ばともいえるような非業の死を遂げています。しかし、その決断は、人の心に響く足跡を残しているのです。

死んでしまう可能性のある選択ができる理由は、世の中のためという志があるためです。公欲とか大欲と表現できます。私欲や小欲を排しているのが、彼らの特徴です。彼らを動かすのは、彼らが尊敬する先人達の志といえるかもしれません。人生のお手本にする先人の志を受け継ぐことが大切で、損得は二の次です。誰のために何を為すのかが重要なのです。

三四　鎌倉時代末期から南北朝時代にかけての武将。

三五　日本の武士（福井藩士）、志士、思想家。安政の大獄で二十五歳で死罪となった。

いかに機を掴んでいくのか

機は、社会や人生の流れを変えるボタンのようなものであるわけですが、そのボタンを押す状況は様々なものがあります。必ずしも良い状況ばかりではありません。機のボタンを押す状況には、大きく三種類があります。

一つ目は、事を起こすには早すぎるので、時が熟すのを待つ状況です。二つ目は、タイミングを失わないようにすぐに行動する状況です。三つ目は、突然、事を起こすべきタイミングが目の前に現れて決断が迫られる状況です。

一つ目は、ある一つの目標があるとします、それを実行しようとしても、今の実力や世論の盛り上がりが欠けていて、事を起こしても、うねりを起こすことが困難な場合があります。その時は、機が熟すのを待つわけであります。

例えば、明治時代の日本は、イギリスやアメリカなど当時の先進国十五カ国との間にと幕末から続いていた治外法権などの不平等条約を結んでいました。

この治外法権の撤廃は、明治日本の悲願の一つでありましたが、容易に解決できるものではありませんでした。第二次伊藤内閣の外務大臣であった[※三六]陸奥宗光は、明治二七年、国力増加や世界情勢の中で日本の影響力が高まってきたという「機」を掴み、十五カ国すべてとの不平等条約の改正に成し遂げることと成功します。これは、「機」は熟したとみると、即座にことに起こし、成果をあげた事例です。

二つの目は、『[※三七]三国志』の主人公 [※三八]劉備玄徳が建国した蜀の宰相 [※三九]諸葛孔明のライバル魏を討伐する軍事行動が、それに当たります。蜀は、敵対する魏に対して国防における地の利はありつつも、国力は、五分の一以下、大陸の中央に拠点を構える魏との間には、総合的な国力、文化力、人材の質数も見劣りしていました。孔明は、兵法の原則から、魏との戦争の不利を十分に理解していましたが、先代の皇帝劉備の志を継ぐために軍を起こします。孔明の能力があれば、城壁の中に閉じ

三六　一八四四年～一八九七年。日本の幕末の武士。明治期の外交官、政治家。幕末に外国から押しつけられた不平等条約の改正に取り組んだ。

三七　中国の後漢末期から三国時代にかけて群雄割拠していた時代（一八〇年頃～二八〇年頃）の興亡史であり、蜀・魏・呉の三国が争覇した三国時代の歴史を述べた歴史書でもある。

三八　後漢末期から三国時代の武将、蜀漢の初代皇帝。

三九　中国後漢末期から三国時代の蜀漢の武将（軍師）・政治家。蜀漢の建国者である劉備の創業を助け、その子の劉禅の丞相としてよく補佐した。

こもって国を守ることはできたかもしれません。

しかし、孔明は先代の皇帝劉備から受け継いだ志を果たすための機を失うことを避けたのです。時間は孔明ほどの英雄に対しても残酷でした。孔明が老い衰えてしまえば、誰が志を遂げようとしただろうか。

三つ目は、先に紹介した西郷隆盛の※四〇西南戦争や※四一大塩平八郎の乱などが該当します。当人は、まさか自分が政府に反乱を起こすとは夢にも思ってないのですが、状況が変わり、彼らの前に機を現したわけです。彼らは自分の意志を超えて、身を投じていきます。

一度、機に乗ってしまえば、引き返すことはできません。保身のために引き返すことをしません。運命に身をまかせ、あとは、天に身を任せる覚悟を決めるのです。

これら三種類の状況があります。現代人の感覚では、機を意識して、人生の選択

四〇　一八七七年一月二十九日から九月二十四日に現在の熊本県・宮崎県・大分県・鹿児島県において西郷隆盛を盟主にして起こった士族による武力反乱。明治初期に起こった士族反乱の中でも最大のもので、日本国内における最後の内戦。

四一　一八三七年に、大坂（現・大阪市）で大坂町奉行所の元与力大塩平八郎（中斎）とその門人らが起こした江戸幕府に対する反乱のこと。

を決断するなど浮世離れしているといえるかもしれません。ただですね、世の中の流れに乗って、自分一人の成功を追い求めるだけなら、このような考え方を必要としません。

このような機を意識した生き方をする理由は、世の中の流れを変えたい、世の中の悪や腐敗を改めたい、衰亡滅亡の危機から救いたいという志があるからです。現代人がそういう生き方をしないというのであれば、それは志が欠如しているといえるかもしれません。

自分の命の使い方を決めている人、志のある人は、志を成し遂げる方法を考えています。その方法こそ、機を活用するということです。

ここまでの境地に到達している人は、当たり前のように、胆識を備えているわけです。このような生き方を目指したいものです。

人生の勝負どころを見極める生き方

次は、機をどこに発見するのかという話をしたいと思います。つまり、勝負所をどのようにして見極めるのかということです。

勝負をするときは、いつでも、どんな内容でも良いのかというと、そういうわけでありません。勝負するに値するときに、人生を賭けるのに値するときに勝負を仕掛けるべきだと思います。

私は、勝負所を学ぶ方法として、戦前戦後に活躍した企業家・起業家の生き方が参考になるのではないかと思っています。

例えば、パナソニック創業者、経営の神様といわれた松下幸之助さん、彼は若い頃電灯技師として働いている時にこれからは電気の時代が到来すると閃いて、松下電気器具製作所を創業します。

ホームセキュリティで有名なセコムの創業者 ※四二飯田亮さんは、セキュリティーという概念が一般的ではない時代に、日本初の警備保障会社を設立します。戦後の混乱期を抜けて次第に大きくなる安全保障へのニーズを掴んで事業を大きくすることに成功しています。

四二　一九三三年〜。日本の実業家、セコム創業者。日本初の警備会社を設立。ホームセキュリティの生みの親。

クロネコヤマトで有名なヤマト運輸の※四三小倉昌男さんは、小口荷物は、集荷・配達に手間がかかり採算が合わないという常識を疑い、需要者の立場に立った宅急便サービスの事業化に成功します。

日本で初めてコンビニエンスストアを作ったセブン&アイ・ホールディングスの※四四鈴木敏文さん、インターネットの時代が来ると予見したソフトバンクの※四五孫正義さんをはじめ、一代で事業を大きくしている経営者達は、時代の先を読み、機を掴んで人生を大きく創造しています。

これらの企業家たちの自伝を読むと、機という言葉は出てこないにしても、勝負所を意識して、命懸けで行動していることがわかります。

誰もやったことのない前人未到のアイデアを形にしているわけですから、周囲は、当然反対します。しかし当人は、成功の未来が見えているのか、信念を貫いて時代

四三 一九二四年〜二〇〇五年。日本の実業家、ヤマト福祉財団理事長。ヤマト運輸の「クロネコヤマトの宅急便」の生みの親。

四四 一九三二年〜。日本の実業家。コンビニエンスストアの生みの親、「小売の神様」と呼ばれる。

四五 一九五七年〜。日本の実業家、ソフトバンクグループ株式会社 創業者。

を築いています。成功の未来が見えているのは、機が読めているということですね。

世の中がどのような方向に進んでいるのか、自分の行動が、どのような影響を世界に与えるのか、そして、いつ勝負を仕掛けるべきか、これらを掴むのは並大抵ではありません。命懸けで理想に向かっていく情熱が、彼らに、機の流れを理解させるのではないかと思います。

皆さん、いつか勝負するぞという志を持って、日々努力を重ねていれば、勝負するための環境が整っていくものです。

環境が整ったときこそ、勝負を仕掛けてください。私も、いつか日本のために役立つ人間になりたいと考えているのですが、五年後なのか十年後なのか。勝負所を見極めて、チャレンジしたいと思っています。

人物は死に場所を間違えない

人生において、勝負所で勝負するためには、機を読むことが重要です。

時の運もありますから、必ずしも成功するわけではありません。敗軍の将となって報われない後半生を送るということもありえます。しかし、徳を修めた人物は、死に場所を間違えることがありません。

皆さんは、自分がどこで死ぬのか、どうやって死ぬのかについて、考えたことがありますか？

死に場所を間違えないとは、つまり、晩節を汚さないということです。晩節を汚すということは、その人の価値を失墜させるものです。

中国明代の思想家、洪自誠《こうじせい》の書いた『※四六菜根譚《さいこんたん》』に「人を看るには只後の半截を看よ」、つまり、人の値打ちを知るならば、ただ後半生を見ればよいというのがあります。

人生の最後に、徳を傷つけるような間違いを犯し、人生をかけて追求してきた理想や仕事の形跡を失ってしまって、途中までどんなに素晴らしい生き方をしてきた

四六　中国明代末期に書かれた、洪自誠による随筆集で中国古典の一つ。前集222条、後集135条からなる。主として前集は人の交わりを説き、後集では自然と閑居の楽しみを説いた書物。道教、儒教、仏教の三つの影響を受けている。

としても、人物としては見る影もありません。

幕末の志士達が学んだ『言志四録』の中に、「三学戒」という教えがあります。「少くして学べば壮にして為すことあり　壮にして学べば老いて衰えず　老いて学べば死して朽ちず」です。つまり、若年でしっかり学べば、壮年になったときに成果を出すことができる、壮年の期間にしっかりと学べば、老いても衰えない、老境になっても学び続ければ、死んでも、その志は朽ち果てないという意味です。

人間は、いつ学ぶのを辞めてしまうのでしょうか。

それは、理想を追い求めなくなったときですね。

死に場所を間違えないということは、死ぬ瞬間まで、理想を持ち続けることができるのかということです。

人は、希望を失うと理想を失うといいますね。

それはつまり、機を失って、希望が途絶えてしまったときに、理想も失ってしまうのか、いや理想を持ち続けられるかということです。

生きている限り学び、死んでも、志を残す。途中で諦めてしまうと、それができなくなります。

だから、理想を失うときに、天命を失います。いか生きるのかという命題を問わなくなります。そうすると、自分本位になって、身持ちを崩すことになるのです。

身持ちを崩してしまい、晩節を汚してしまえば、これまでの人生の努力、知命・立命を汚してしまうことになるでしょう。問いかけに応えてくれていた、天の声が聞こえなくなるのです。

終わりよければすべてよしというように、私たちは死に場所を間違えないように、気を抜かず、しっかりと生き抜くことが大切ですね。

図３４　人物の生き方（第5章-1）

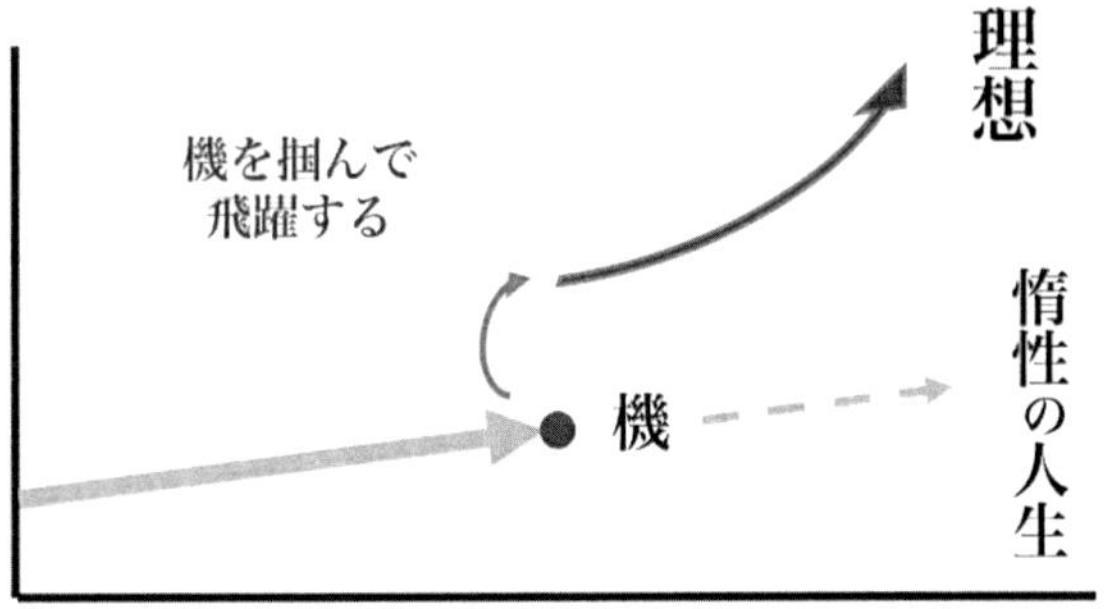

人物は、機を掴んで人生を飛躍させる

図３５　人物の機の掴み方（第5章-1）

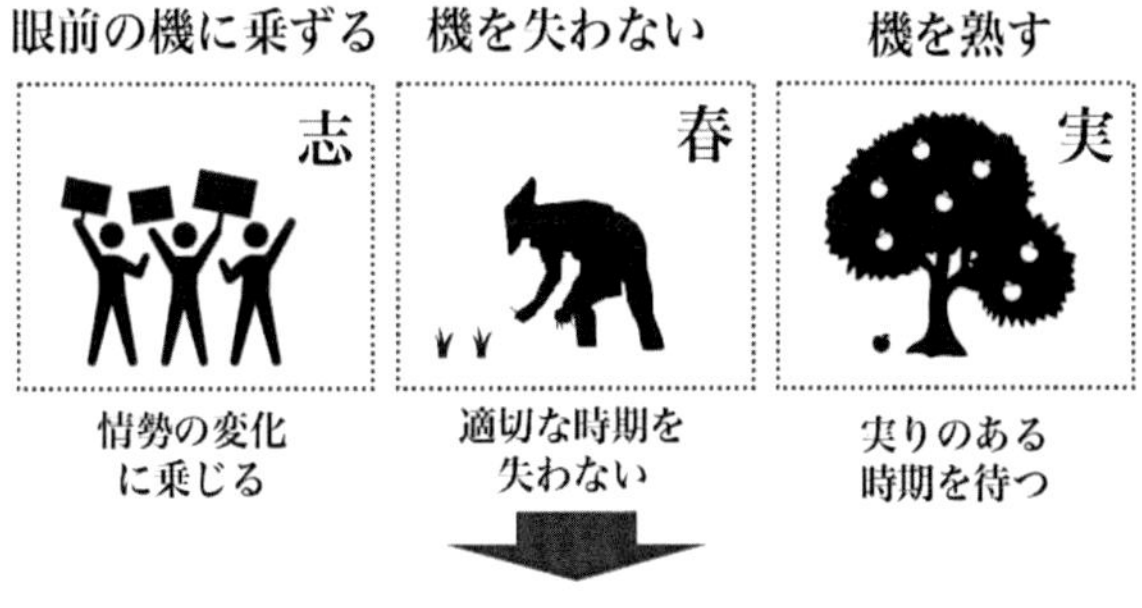

人物は機を読む、機を掴む
決起したら、振り返らずに進む

2　機とは何か

複雑系の世界

機について、いろいろと説明をしてきましたが、抽象度が高く、さらに言えば具体的ではないため、よくわからなかったのではないかと思います。ここからは、機を使えるようにするために、具体的な話をしたいと思います。

機とは何か、今一度確認しますね。前述した安岡正篤先生の著書『知命と立命―人間学講和』（プレジデント社）の中で、自然界の中には、機は無数にあると述べられています。そして、機とは、その一点を押すことによって、すべてに響くツボのようなものであるといっています。

例えば、鍼灸などの東洋の医学において、人間の生体電気である「気」の流れる道を、経絡というそうですが、その経絡にはツボがあり、そのツボに灸を据えることによって痛みを軽くすることができるという理屈ですね。鍼治療を受けたことがあるならお分かりになると思いますが、鍼を打つ場所と痛い患部は離れていて、素人には関係があるように見ないのですよね。

その経絡とツボにあたるものが、自然界、人間社会に、無数に存在していまして、それを機というわけです。

機を読むということにおいて、非常に参考になる考え方を述べているのに、ＳＢＩホールディングスの北尾吉孝さんがおります。著書の中で、複雑系というキーワードを出しております。

複雑系とは、相互に関連するいくつかの要因が合わさっていて、全体として統合されているものの、全体としての動きは個々の要因や部分からは、どのように影響を与えて受けているのか、一見するとわからないものをいいます。

つまり、何か事が起きると巡り巡って、思いがけない意外なところにも影響が出るということで、小さい出来事でも、その影響が伝わってしまい思いがけないところで大きな影響が出るということです。私たちの住むこの世界は、自然も、社会も、皆、複雑系で構成されているといえます。

例えば、どこかの国で動物を殺して、生態系を崩してしまったら、世界の裏側で、自然災害や動植物の異常発生などが起こるということです。

その因果関係や相関関係を見抜くことができることが、機を読むことが似ているというわけですね。ですので、複雑系を理解できるようになれば、理論的に機を使えるようになるといえます。

複雑系の世界を図解化して、把握することができるようになる方法にシステム思考があります。

※四七ピーター Mセンゲ博士の著書であり、2011年に日本でも発売された『学習する組織――システム思考で未来を創造する』の中で紹介されている思考法です。

このシステム思考は、複雑に構成される全体を、一つのシステムとして捉えて、多面的でありながら、本質的に考えて解決をはかる方法論です。詳細は、専門書をお読みいただきたいのですが、この思考法を使うと、物事の相関関係や全体像を図解化して捉えることができるようになります。

口でいうだけではわからないと思いますので。実例をお話ししましょう。

四七 一九四七年～。MITスローン経営大学院の上級講師であり、ニューイングランド複雑系研究所の共同研究者であり、組織学習学会の創設者であるアメリカのシステム科学者。

私は営業マンの仕事が長いので、企業の営業活動の事例で説明したいと思います。ある企業が、売り上げを増やし、シェアを拡大したいと考えている状況を想像してください。

経営陣は、より売り上げを増やしていこうと、「営業力強化の意思決定」をします。そうすると、次は「営業予算の増加」です。その次は「商談数増加」です。その次は「受注数増加」です。その次は、一周して最初に戻って「営業力の強化の意思決定」になります。

「営業力強化の意思決定」→「営業予算の増加」→「商談数増加」→「受注数増加」→「営業力の強化の意思決定」→　続く

この一連の流れが、円を描くように繰り返され大きくなっていきます。これをシステム思考では、ループ図といいます。

図36を見ていただきたいのですが、左側の営業活動を大きくするループ図に対して、右側に営業の成果を減退させるループ図が作れています。

右側のループ図は、「受注数増加」→「サービス提供部門の工数増加」→「サービス提供部門の業務負荷の増大」→「お客のクレーム増加」→「受注数減少」というようにマイナスに働く力が生じるわけです。

この会社は、営業活動を頑張っているのに、成果が増えていかないという状況です。この会社の状況を改善するならば、どこに問題があると思いますか？

この会社の場合、経営者が営業強化の意思決定し、営業活動を推進するアクセルを踏めば踏むほど、サービス提供部門の負荷が増大し、クレームが多発し、顧客が減少していく構造になっているわけです。

この状況を改善する方法は、サービス提供部門を強化することです。もしくは、営業活動を止めることです。

そうすると全体のプロセスの滞りが改善し、全体に好影響が出てきます。このシステム思考は、東洋思想における陰陽五行と通じるところが多く、人間学に応用できるものです。

それでは、別のテーマでも考えてみたいと思います。インターネットが普及してシェアが減少する大手メディアの報道の内容について、システム思考で考えてみたいと思います。図３７を見てください。

まずは左側のループ図です。シェアを取るために、「より過激で偏った報道をする」→「報道される情報の価値が少なくなる」→「国民からの大手メディアの信用が低下する」→「視聴率が低下する」→最初に戻る。

そうすると、今度は右側に、次のような反対に作用する循環も発生してきます。

「国民のからの大手メディアの価値や信用が低下する」→「インターネットなどの他の情報媒体の利用が増える」→「自分で情報を探す人が増える」→「自分で考える人が増加する」→最初に戻る。

大手メディアが、インターネットからシェアを取り戻そうと過激になればなるほど、シェアが減少するというわけです。私は、テレビの報道が、少し前よりも過激になっているような気がします。

このように循環する構造は、二つだけでなく、実際は、さらに多くのループが絡みあっています。各ループが、循環がされるほど、増やすものと減らすものがあり、その影響が連鎖していくわけです。
私は、システム思考を学んでから、なんとなくですが、機を読むことがどういうことなのかわかってきました。

このように考えると、現行の大手メディアが、信用とシェアを取り戻すためには、一つの論調だけを報道するのではなく、国民が自分で情報収集して比較したいというニーズに対応するために、様々な視点を織り交ぜた報道をするのが、現行の大手メディアが、復活するための機といえるのではないでしょうか。

大手メディアは、良くも悪くもそれぞれに立ち位置があって、ある意味で偏っているといえますが、これまで通りに偏るのではなく、いろいろな視点を紹介する方向に変化するわけです。しかし、これは従来を否定する変化です。これを実行することが容易ではありません。つまり、胆識が必要といえますね。

二つの事例を紹介しました。機とはこれであるとはっきりと目に見えるものではありません。しかし、人間の意志や決断によって、明確に流れを変えられるものであることがわかったのではないでしょうか。
機を押せば、大きな変化が起きます。

しかし、このように。機を掴めたとしても、実際に、行動に移すことが難しいのです。

利益が必要なときに、営業活動を止められるのか、また、人気やシェアが落ちているときに従来のやり方が間違っていることを認めるような変更ができるのかということなのです。それができるのが、本講座で扱っている人物になるのです。

どのような業界においても、何かを変えようとすれば、多方面からの抵抗にあってしまうことは間違いありません。その抵抗に恐れずに、実行する勇気を持てるかどうかです。

機を掴むということは、そのまま、勇気の発揮であるといえるわけです。

図３６ システム思考、営業会社の事例(第5章-2)

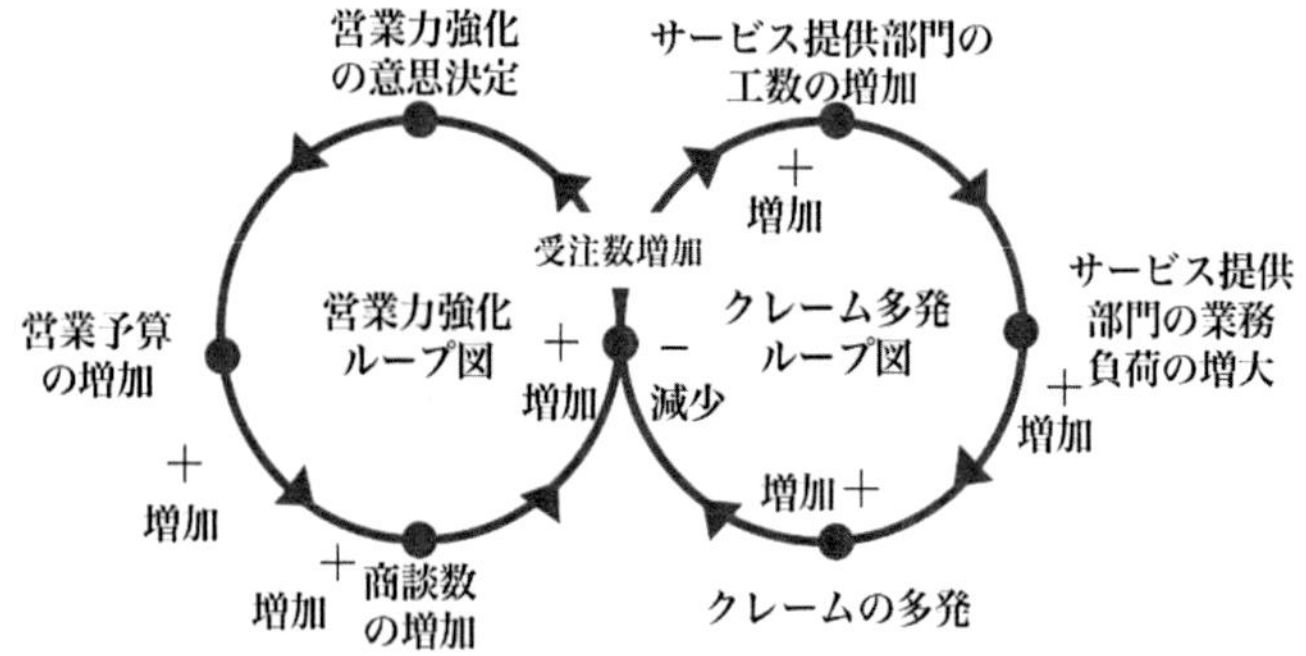

営業力強化のアクセルを緩める、サービス提供部門への投資
することが、「機」

図３７ システム思考、メディアの事例(第5章-2)

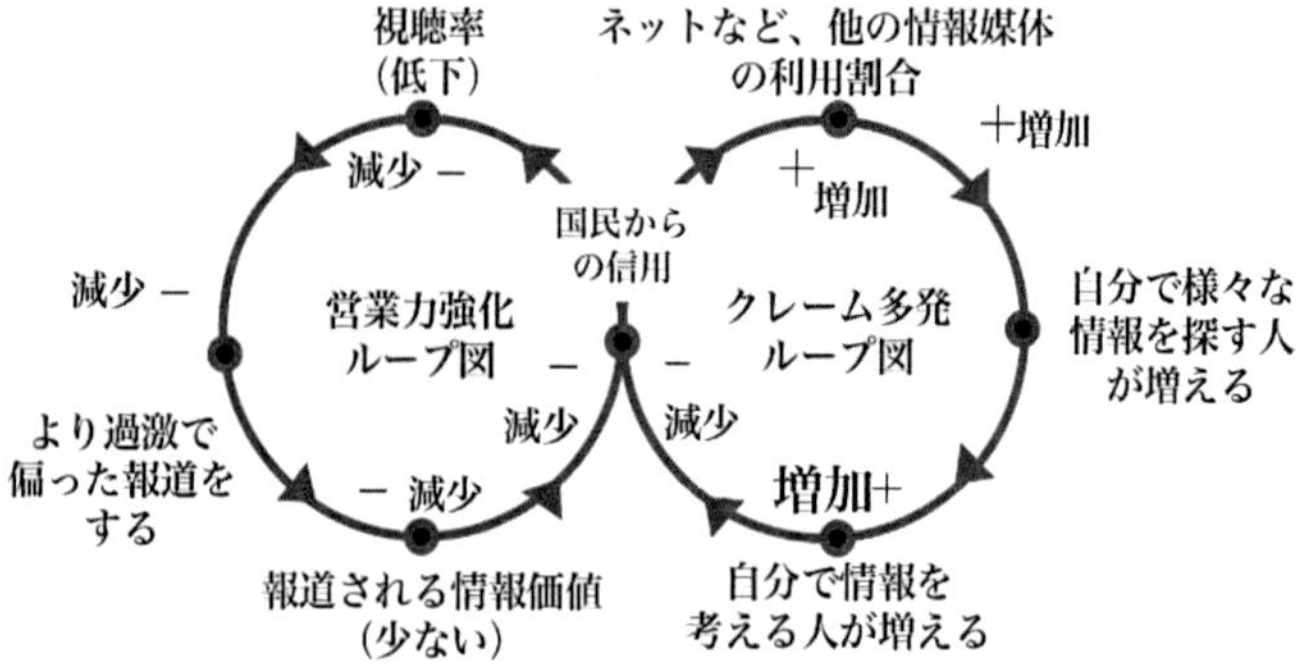

自分で情報収集し、自分で考えたいというニーズに対応するように、
様々な視点を織り交ぜた報道をすることが、「機」

システム思考と東洋的思考

これまでの考察を踏まえると、機を掴むとは、全体に影響を与えるような力点を見つけ活用するということでした。全体の動きを一つのシステムとして捉え、力点を発見し、実際に行動を起こしていくというわけですね。

例えば、お金のプロフェッショナルであれば、世界中のお金の流れを全体として捉えることができるでしょうし、環境や自然の学者であれば、各国で起きる自然現象を地球全体の中のシステムとして捉えることができます。ビジネスマンであれば、自分の働く業界に精通することで、経済の動きを読めるようになってきます。

組織人であれば、組織の人事や政治の動きも見えてきます。そして、どこに問題があるのか、何をすれば、全体に影響を与えることができるのか、力点、ツボを見極めることができるようになってくるわけです。

ですから、人物に求められる機を掴むこととは、まず自分の仕事や業界について精通し、その上で業界や日本、世界など全体の動きを把握できるところまで押し広げていき、変化の力点を発見するということです。これこそが機を掴んで人生を創造するということといえましょう。

そして次の段階になると、この機がどこにあるのか、感覚的に、直感的にわかるようになってくるのです。

直感的にツボを理解するヒントとして、前述した芳村思風先生の感性論哲学が参考になります。感性論哲学は、自然界と人間の本質は感性であり、感性によって通じていると考えます。

感性の働きには、調和作用、合理作用、統合作用の三つがあり、調和作用には、空間バランスをよりよくし、合理作用には、時間のバランスや論理性があり、統合作用には、それらをとりまとめて、新しいバランスが取れる状態に向かうといった、働きがあります。

つまり、直観力がついてくるということは、この三つの働きを、感覚的に理解することができて、ちょうど良い塩梅がわかるというわけですね。

例えば、奈良時代の大工さんが、コンピューターのない時代に、なぜ東大寺のように大きい建造物を建築することができて、現代までに残っていることを考えると驚きますよね。凄腕の職人にもなると、感覚的にできるようになるというのです。

資材を組むときに、どうすれば調和させることができるのか、合理的に組み立てる手順を見極めて、全体として統合させることができる勘どころが、わかるわけですね。

調和、合理、統合のツボが見えてくると、全体のバランスを整えることができるようになり、無理の少ないやり方ができるようになってきます。これこそが理想的な状態といえるかもしれませんね。

機を掴むというのは、感覚の世界といえます。それを生み出すのは、各々の現場にいる人物ですね。

社会に、人物がいないと、世の中が悪い方向に進んだときに、それを打破することができないということです。だから皆さんには、人間学を学び、人物を目指してほしいと思います。

3　直観力とは何か

直観力は徳慧が生み出す

ここからは、さらに一歩すすめて、直観力について深掘りしていきたいと思います。

直観力については、前述したとおりＳＢＩホールディングスの北尾吉孝さんが、自身の著書の中で、直観力は徳慧から生まれるということを述べておられます。そして、徳慧を養うにはどうしたら良いかというと中国古典などの人間学を学ぶことで身に付けられると述べているわけです。

私も十五年間、中国古典を学んでいきているのですが、北尾さんがおっしゃる意味が少しだけわかります。

徳慧や直観力を身につけるための方法は、第一に、知恵を尽くす、もうこれ以上、考えることはできないというところまで考え抜いてから、そこから先を決断する時に、直観力というものが必要になってくるのではないかと思います。

理性的に限界まで考えぬくこと、そして、理屈の上での正しさを追求するのです。それはつまり、義は何か、原理原則は何かというように本質を追求するのです。

しかしですね、目に見える現象からわかることは、氷山の一角でありまして、ものごとの本質を掴むところまで到達することは難しいのです。だからこそ、そこから先を、いかに掴むのか、直観力が重要になってくるわけです。

例えば、人間の肉体を構成する一つ一つの細胞は、細胞分裂を繰り返しながら入れ替わり、各々の機能を担っています。細胞一つを見れば、その存在は非常にシンプルです。しかし、人間の体全体でみると複雑であり、それでいて見事に統一しているのですが、その要点が、一体どこにあるのか、容易に発見することはできません。掴み所がないのです。

この掴み所が、どこにあるかを見出すものが、徳慧であり、直観力というわけです。

中国古典の扱う範囲は、宇宙の法則、森羅万象や人間社会、そして人間の心です。中国古典が、なぜ直観力を高めるのかというと、人間の心や精神を追求すると同時に、自然の摂理、宇宙の法則をも追求していく学問だからですね。

これを例えると、心によって宇宙にアプローチする学問といえるかもしれません。だから、心の世界と現実の世界との間に阻むものがなく、行き来することができるのだと思うのです。それが、徳慧であり、直観力なのです。

調和と生成発展

もう一つ直観力の特徴をあげるとするならば、物事の真理や本質を感覚的に理解できるということです。

本に書いてあるような知識に頼らずに、これは正しい、これは間違っている、ということが感覚的にわかるのです。

現代に生きる人の多くは、どこかで知識に偏重しているといえると思います。本やインターネットにある記載を正しいと疑わないでしょう。直観力のある人は、ニュース一つにしても、書いてある内容が、正しい、正しくないということを、書いてある内容以外の情報から読み取ることができます。

故意に、何かを隠すような書き方や書いた人の本心を感じ取れるのです。

どうしてこのようなことができるのかというと、天地自然の法則を心の奥底で理解しているからといえましょう。調和や生成発展の働きを発見できるからです。その背景には、陰陽相対理論を使って世の中を観ることができるのです。

先述したように、天地自然の法則とは、陰陽相対理論です。

この世界にあるすべてのものは、必ず「陰」と「陽」の二つの要素で構成されるわけです。

陰陽相対理論で、宇宙の実体、つまり現実世界を観察すると、「空間」と「時間」の二つで構成されます。もう一つ宇宙の精神を司る目に見えない世界は、「心」と「意志」の二つで構成されます。時間と空間の掛け合わせて作られる現実世界は、その現実世界を映し鏡にする目に見えない世界の心と意志が、裏側で働いているのです。空間は、心であり、調和です。時間は、意志であり、生成発展です。

このように、陰陽相対理論を使って観察すると、この世界や宇宙がそうであるように、人間がやること、なすことのすべてが、調和であり、生成発展であると理解できます。ということは、この世界のあらゆる現象の中に、調和の働きや、生成発展の働きがあります。

言葉にするのは難しいですが、ニュース一つを見ても、世の中を調和させようとする書き方もあれば、調和を破壊するような書き方があるわけです。調和を促すものが、社会の中に増えていれば、生成発展をしていくし、反対に減っていけば、衰退滅亡に向かっていくといえるわけです。

一例ではありますが、そういうことがわかるのが、直観力の働きということです。

物事の成果や継続は、調和の働きによって作られているし、反対に、調和が壊れるところでは、成果が崩れ、継続が止まるようになっているのです。これは自然の摂理、原理原則といえます。

だから、調和を破壊しながら、成果を出すということはありえないのです。一瞬、短期的な視点では存在するように見えますが、長期的な視点で見るとありえないことがわかります。

陰陽相対理論や機を理解すると、こういうことが確信的にわかってきます。世界には、一つのルールで動いている、つまり原理原則は存在するということです。

見えない世界を利用する

「直観力」についてさらに続けます。
『修身のすすめ』（北尾吉孝著　致知出版社）には、直観とは、超意識にある情報を顕在意識に持ってきて認知することであると前述しましたね。

超意識は、過去・現在・未来のあらゆる情報と繋がっている目に見えない世界のことであり、人間が練られてくると、それらを活用できるというわけです。

一般的な常識では、理解ができない難解な内容ですが、人間学や陰陽相対理論について学びを深めていくと、なんとなくですが、そのような世界が存在するのだと受け止められると思います。それはあたかも空気という存在を知らなかったオタマジャクシが、カエルになって空気の存在を知って、水から出て活動できるようになるのに似ていますね。

人間学の学びは、自分の体や心で理解する実感が大切です。オタマジャクシの時代に、空気のある世界を想像するくらい実感することが難しいことはありません。直観力のある人間は、頭で理解することができない目に見えない世界、超意識の世界が存在しているという実感を得ているといえます。

宗教における奇跡体験と似ているかもしれません。あらゆるものが見えない世界で繋がっているという感覚です。

例えば、遠く離れた場所にいる家族や友人の状況をなんとなく感じることができるということがあります。すぐに感情的になって怒ってしまうお父さん、そのお父さんが怒っていそうだなという直観が働くのです。今、妻が不機嫌そうだぞと感じて、ケーキを買って帰る直観力のある旦那さん、日本にはたくさんいそうですね。

日本では、虫の知らせといいますが、遠く離れた場所にいる親兄弟の死を察知するということを、交通手段や連絡手段もない時代ではよく聞く話でした。

私は、倫理法人会で行われる工藤直彦先生の勉強会で、全一統体の原理というものを教えて頂きました。

全一統体の原理とは、あらゆる物事は、それぞれ個別に存在しているのではなく、目に見えない隠れた次元でひとつながりに繋がっているという法則です。つまり目に見えない次元による相関関係があるとうことです。

AさんとBさんの間でトラブルがあったとき、迷惑をかけた側のBさんが悪いというのは目に見える世界のことだけを基準にしています。全一統体の原理で考えると、迷惑を被ったＡさんの側にも普段の心掛けや行動に、問題を引き起こす原因があると考えます。Ａさんは、自分が作り出す原因を改めない限り、Ｂさん以外の誰かともトラブルを起こし続けるというわけです。

　この全一統体の原理を完全に理解するということは非常に難しいのですが、この法則を私なりに表現するならば、この世界において、真心は天に通じるということですね。心が、万象の原因になるからです。天に対して真心を尽くせば、その想いは通じます。

　中国古典の『老子』には、次の一節があります。

「天網《てんもう》恢恢《かいかい》疎《そ》にして漏《も》らさず」です。つまり「天の張る網は、一見すると広くて目が粗いようであるが、悪人を網の目から漏らすことはない」という意味です。

　昔の人は、目に見えない世界のことを知っていたかのようですね。

　不思議だけど確かに存在する…目に見えないひと繋がりの世界を、自分の心の変化や成長を通して、その存在を理解できると、直観力が強くなってくると思います。

例えば、自分が熟知している世界においては、直観力が働きやすく、今、何かが起きているという変化の波動をキャッチできるようになります。

例えば、ビジネスでは、商談中の相手に心変わりがあると、心がざわつくのを感じるわけです。もしかすると、提案を退けたかもしれない、何かがあったと感じるわけです。そういう感覚を使って、先手を打って行動し、迅速に対応することができるのです。

まさに、直観力を使い世の中の動きを掴んで、人生の決断をするのが、人物というわけですね

以上、直観力について、様々な視点で解説をしてまいりました。師匠から教えて頂き、さらに自分の経験や実感を通して理解したことを説明しました。

これは一朝一夕で身につくというものではありません。人物として練られていく中で、少しずつ身についていくことだと思います。

これで、人物の生き方の特徴である機や直観力についての説明を終わりにします。

ここから先は、天だけが知る世界ですね。どのような結果になろうと、信念を持って突き進むわけです。

是非、皆さんもこういう生き方があることを知って、人生をいかに生きるのか、を追求していく参考にして頂けたらと思います。

図３８ 直観とは(第5章-3)

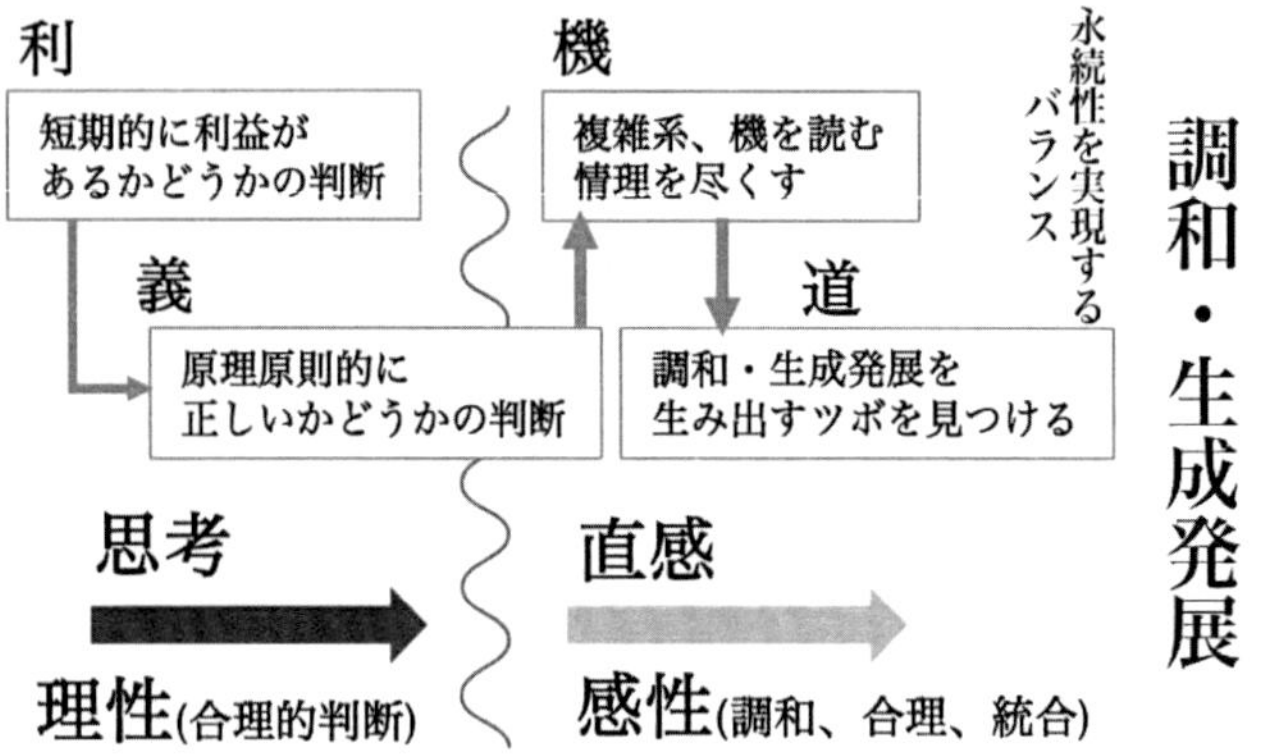

図３９ 直観が生まれる構造（第5章-3)

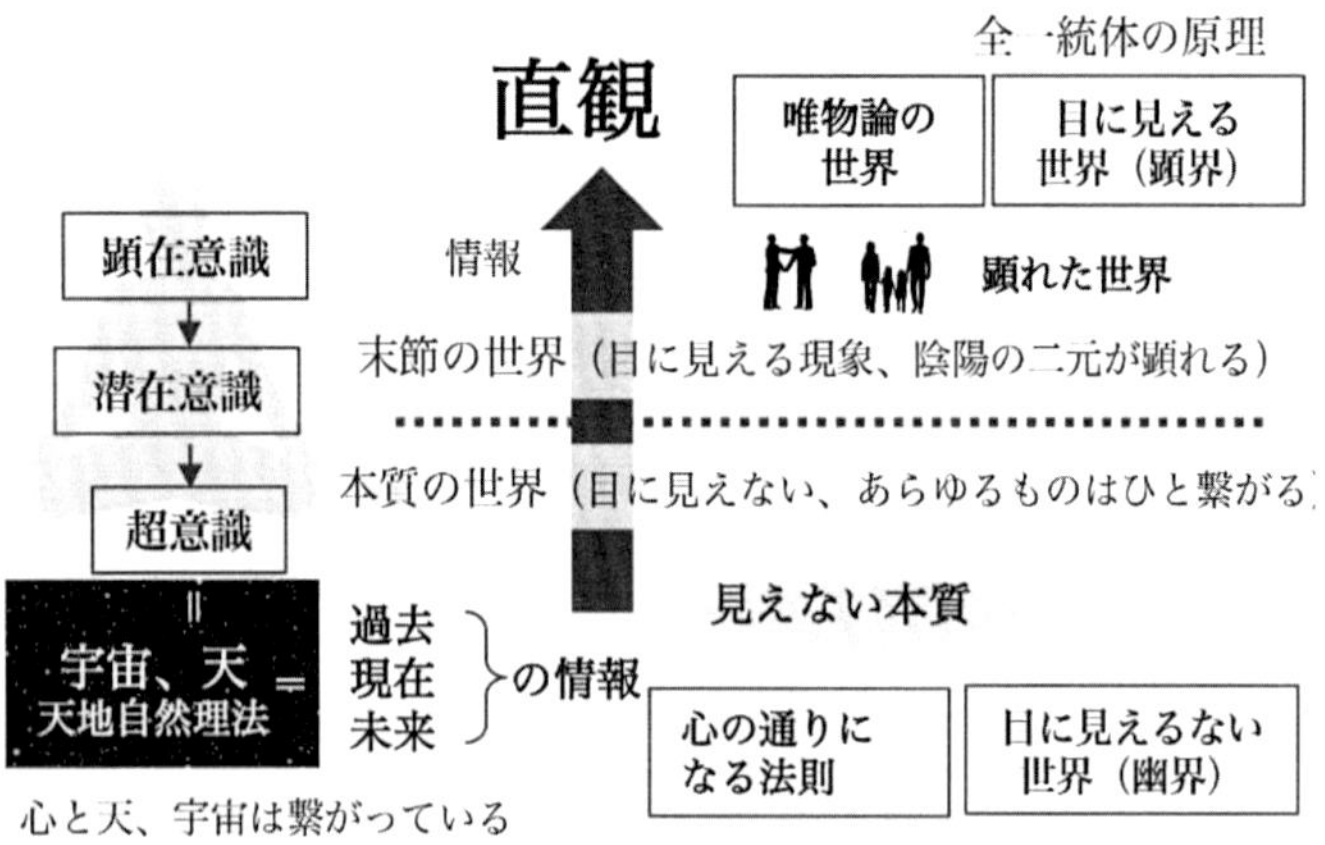

第六章　現代の難問に立ち向かう

1　国家を救う志を立てる

全体を生かす

皆さん、よくここまでついてきてくれましたね。ここまでは、人間学を人生にいかすための方法をお話してきました。

第六章からは、応用編です。現代社会を生きる私たちの課題に変換して、活用する方法を考えていきたいと思います。

人間学の根本命題、いかに生きるのかは、自分自身で追求して、掴み取らないといけません。どこまでいっても自分一人、個人の道といえます。しかし、人間学は、個人の道でありながら、個人の道で終わりません。

応用編は、世の中を良くするため、私達たちが生まれて、日々、生活する社会、そして現代の日本の危機を救うといった、全体への視点にテーマを移していきます。

いかに生きるのかは、何のために生きるのかでもあります。

何のためとは、自分のためではなく、国や社会のためといった、世の中にとって良いこと、公益であることが大切です。

人間学に限らずにですが、学んだことを活かすとは、世の中のために役立つような行動を起こすことがセットでなければ意味がありません。行動は、チャレンジと言い直してもよいかもしれませんね。

具体的には、自分が生まれた国や地域が、もし何かしらの問題や危機にあったならば、それらを解決しようという視点を持てるかどうかです。国が滅んで自分だけが生きていられるかというとそうではないですよね。

個人を活かすことは、全体を活かすことになって本物になりますね。全体を活かすことは、個人を活かすことに繋がり、結局は返ってくるのです。

国を救うなどというと、ナショナリズムだ、戦前回帰だと嫌悪する人がおりますが、オリンピックやサッカーワールドカップなどのスポーツの大会で、日本チームが活躍すれば誇らしく思うように、生まれた国や地域を愛することは、人間の自然の感情だと思います。

どんな人でも自然の感情として、生まれた国や地域、家を愛し誇りを持つものです。そんなものはない！　と否定する人がいるかもしれませんが、そういう人でも、どこかに拠りどころを持っているものですね。
政治的な活動をする人の多くは、宗教やイデオロギーや何かの団体組織に入っている人が多いですし、お金が絡んでいたりするものです。これこそ人間の本能そのものといえますよね。

まず人間には、「個人的な人格を持つ自分」と、「国などの共同体の一部としての自分」がいます。この二者をこの講座でお馴染みの陰陽相対原理で考えてみると、「全体」が「陰」であり「本質」です。「個体」が「陽」で「末節」になります。

人間の体で例えると、身体全体が「陰」で、一つ一つの細胞が「陽」といえます。各々の細胞が、自分のことしか考えないで暴走し、膨張していくものが癌といえるかもしれません。また各々の細胞が、調和しながら、身体全体に活力を生み出している状態を健康といっても良いかもしれません。

陰陽相対理論は、このように人間の身体や社会のさまざま現象に当てはめることができる万能の思考法なのです。

繰り返しますが、人間には、「全体的な自分」と「個体的な自分」の二つの面があります。これらの二者は、どちらを優先するといって争うのではなく、繋がっている関係として両方大事にすることが大切なのです。全体あっての個体、個体あっての全体というように、切り離せるものではないのです。

二者を同時に成立させるのです。東京と大阪を東と西で分けるのではなく、本州や全日本で考えるというわけですね。一つ上の概念です。これこそが、陰陽の有機的な統合です。

自分一人の存在は、一つの細胞や一つの臓器のようなものです。このように置き換えて考えるためには想像力が必要ですね。私たち人間は、自然の一部として、自然の法則が、適用されているのではないかと、物事を俯瞰しながら、さらに置き換えて考える視点が大事です。

一つの細胞だけを良くするといっても意味のない話です。体全体が健康で元気になる中で、一つ一つの細胞も活性化するのです。全体を活かすという視点があってはじめて、本当の意味で、個を生かすことができるわけです。

だから私達は、個人である自分がしっかりと生きることで、国や社会全体を良くしたいと願う方向性もあれば、国や社会全体を良くすることで、私たち一人一人や子どもたちが末長く幸せに生きられるように願う方向性があるわけです。

この二者は、アプローチの主体が、個人と全体に分かれていますが、本質は同じですね。

人間学とは、自分の人間性を高める「個」の追求でありながら、また自分を含む社会を良くする「全」の追求でもあるのです。

このように考えると、個人主義にしても、全体主義にしても、片方に偏ってしまい、一方を否定し排除することが間違いであることがわかります。結果的に、「個」も「全」も殺してしまうからです。人類の争いや文明の衰退は、ここに元凶があるのではないかと思います。

大切なことは、愛国心や公共心といった全体を大切にする心を持ちながら、しっかりと、個人が確立できるような社会を作る事ですね。それができないから社会が混沌としているといえるのではないでしょうか。

この第六章は、人間学の現代的な使い方です。現代の難問にどう立ち向かっていくべきかということです。

このように陰陽相対理論は、古臭い昔の教えではありません。文明が進み、科学技術が発達した時代であればあるほど、偏った社会といえますので、このような考え方が必要となると思います。

ここからは、人間学を使って、さらに具体的に世の中を良くするための方法を導き出していきたいと思います。

図４０ 全体を生かし固体を活かす(第6章-1)

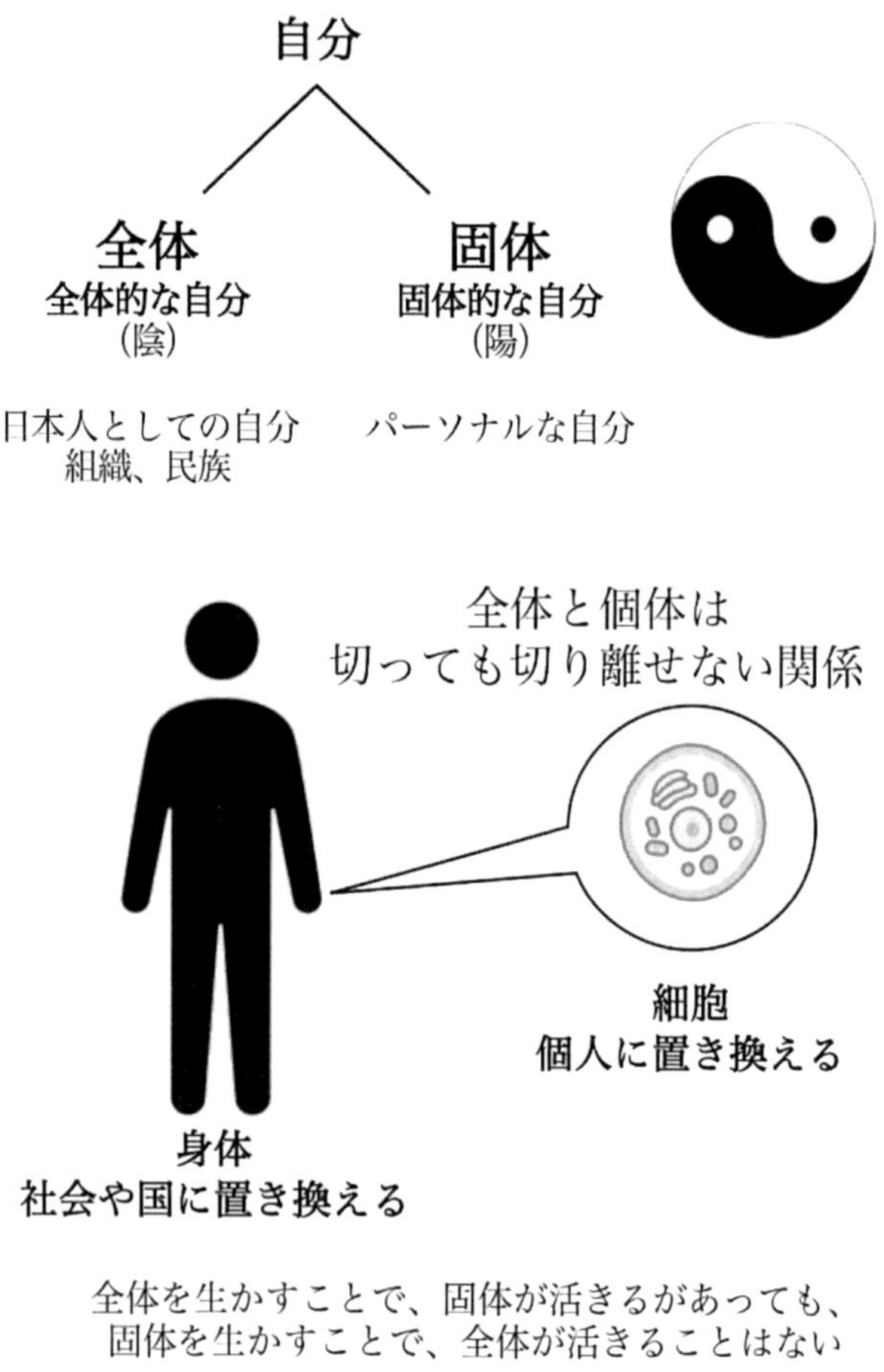

陰陽で社会を読み解く

さて、皆さんは、我が国、日本の未来に希望を持っていますか？
若者たちは希望を持っていると思いますか？

内閣府が出す統計データを参考にしてみたいと思います。

内閣府が発表する『特集 今を生きる若者の意識～国際比較からみえてくるもの～』によると、令和四年現在、自分の将来や日本国の将来に希望を持っている若者が、世界各国と比べて非常に少ないという統計が出ています。自分達の力で、国や社会を良くできると思っている若者が非常に少ないというのです。

１９８５年以降、バブル経済が崩壊した後の三十年を、「失われた三十年」といいますね。この三十年の間、働く人の収入は、ほとんど増えませんでした。高齢者の方々が活躍した昭和の時代、四十代、五十代になれば、年齢に見合うように収入が増加しましたが、平成以降、収入は上がらない状況です。

社会の歪みも拡大しています。例えば、結婚する若者や出生する子供の数も減り続けています。少子高齢化も進み、年金制度を支える若者の負担もどんどん増加していきます。結婚しない、子供も産まない、収入も増えない、社会を支える個人的な負担も増加していく…。

このように国家の先行きも、個人の人生も希望を持ちにくい状況と言えますね。しかし、この暗闇に光を当てて、本質的な解決策を導き出すのが、人間学なのです。

人間学を学ぶことで、いかに希望を持てるか、具体的にお話をしましょう。

さてここで皆さんに、質問をさせてください。

なぜ日本の経済は三十年もの間、停滞し成長していないのか？

さまざまな経済対策や金融対策を行ってきたはずです。1億人以上の人口の国が、三十年間努力している訳です。

陰陽相対原理で考えてみましょう。何が「陰」で、何が「陽」か、何が本質で、何が末節だったかを思い出してください。経済を良くするための経済対策は、本質的だろうか？　という質問をしてみてください。

経済を良くするための経済対策は、実は二番煎じなのです。二番煎じの効果しかないことをやっているのですから、本質からずれている訳です。だから効果が上がらないのです。

物事は相反する二つの要素、「陰」と「陽」で、できていると繰り返していますね。「陰」が本質で、「陽」が末節だと述べました。樹木に例えると、「陰」は根幹であり、「陽」は枝葉ですね。

これを国家で例えると、経済は「陽」です。そうすると「陰」は何かというと、「社会の健全性」です。高いモラルを持った国民が助け合い、結婚し、子供を産み、真面目に働けば未来に希望が持てるということです。

社会の健全性という視点で見ると、この三十年間、何もやっていないところの話ではなく、悪化させてしまったといえると思いませんか。メディアの論調や義務教育が推し進めている社会のあり方を見ると、社会の健全性を積極的に壊しているといえると思うのです。

私たち国民が、当事者となって社会の健全性を積極的に破壊し、衰退させておきながら、経済だけが都合良く成長する道理はありませんよね。

そして自然の動きには、時間差があるものです。六月の夏至の日が最も日が長いですが、気温は八月に最高になります。秋になっても残暑が続きますね。

それと同じで日本の経済も、本来であればもっともっと悪くなっていたものが、何かしらの施策を実施していたから、思っていた以上に悪くならなかっただけかもしれません。

世の中の悪化は、根や幹が腐ってからがスタートです。もしかすると、失われた何十年は、これからスタートするかもしれないのです。

このように考えると、根幹を養うような政策が、大切だと理解できます。つまり「陰」を養うことです。

現代社会が行き詰まる原因は、すべての国民が、「成果＝陽」を求めるばかりで、「土台＝陰」を養う大切さを忘れていることにあるといえます。

国民の意識を、「陰」を養うことに向ける事ができれば、国の問題の多くは時間と共に解決するというのが答えです。

人間学が普及し、「陰」を養う効能を理解できる国民を増やしていく事が大切なのです。人間学を普及したいと考える私の目的はここにあるのですね。

社会の健全性を養う

陰陽相対原理を使うと、問題の本質が見えてくることが理解できたのではないでしょうか。

「陰」と「陽」の性質では、陰の働きは、統一と調和であり、陽の働きは、生成発展でした。これらは、天地自然の法則であり、原理原則といえるものでしたね。

これらは、国の法律や制度にも当てはまります。時代が進むにつれて、新しいものの上にさらに新しいものを作り、細かくなっていきます。その結果、元々あった精神や理念がわからなくなります。

法律は、細かく分岐して、本質から離れたことにこだわりだすと、その法律が制定された当初の目的、作った理由がわからなくなります。どんどん細かく分裂していくと、元である本質を蔑ろにするようになります。これは、「陽」が強くなって「陰」が弱くなる本末順序の逆転現象といえる訳ですが、ここまでくると簡単に元に戻れなくなって、滅びの道を歩み出すのです。

例えば、民主主義の根本ともいえる選挙制度を例に挙げてみましょう。

選挙制度が導入された当初は、納税者にだけに、選挙権などの参政権がありました。その背景には、選挙は、皆で集めたお金の使い方を決めるための代表者を選ぶという根本的な精神が生きていたからですね。もちろん現在は、すべての国民の権利ですから、一定の年齢になれば全員に付与されます。

それが悪いわけではありませんよ。根本精神がわからなくなると、本質を失っていき、おかしいことがまかり通ることが当たり前になるというお話です。

現在は、年金で生活する高齢者が、選挙で強い影響力を持っているのはご存知だと思います。

年金も、若者の視点で見れば一種の税金ですから、選挙で高齢者が強いということは、税金を払う人よりも、税金から収入を得ている人の方が、税金の使い道を決めているといえます。

例えば、宗教関係者は、税金を免除されていますね。ある宗教の総本山が、投資などいわゆる財テクでお金を増やしていると聞きます。にもかかわらず税金を免除されています。さらに選挙権をもっていて、信者の団結で、税金の使い道を決める政治家を選ぶ事もできるわけです。

国からの補助金で倒産を免れた大企業もそうですね。税金の恩恵で、給与を貰い、厚生年金をもらった何千人、何万人という社員達が、特定の政党を応援したりします。

税を払った人よりも、恩恵をもらった世代や組織の方が、選挙で力を持つようになるということは、全体の納税者が報われないといえると思います。全体の納税者が報われないということは、つまるところ、民主主義そのものが揺らいでいるということかもしれませんね。

陰陽相対原理を使って、本末順序の逆転現象を正し、本質的なことを大切にするようにしないと、世の中はさらにおかしなことになるかも知れません。

『論語』の中に、本末順序の逆転現象を解決する方法を教えてくれる一節があります。孔子先生が、弟子の子路から次のような質問を受けるシーンがあります。

「もし先生が、大臣になったならば、政治改革は何から着手しますか?」と。

二人の問答はこのように続きます。

「そうだね。まずは名を正そうか。言葉の意味を本来のものに再定義するところから始めたいと思うよ」「先生、それは遠回りすぎませんか」「子路よ、お前はガサツだね、君子は自分の知らないことは慎むものだ。言葉の使われ方が順当でなければ、何をやっても物事が成立しないではないか。物事が成立しなければ、モラルが崩壊し、誰も秩序を守ろうとしなくなる。秩序を守ろうとする人がいなければ、法律や刑罰が狂ってくる。そうなれば、国民は安心できる場所がなくなってしまう。だから君子は、まず言葉の使われ方を正して、その言葉の意味通りに実行させようとするのだよ」という内容です。

有名な「名を正す」の教えです。当初の「理念」に立ち返れということです。

先ほどの民主主義や選挙制度で考えてみますと、税の恩恵を強く受けている世代や団体が、選挙で強い影響力を持って推し進めることができる政治が、公平なのか、平等なのかについて考える必要があると思います。

若者の意見が、政治に反映されないのは、選挙に参加しない若者の責任であって、選挙権を与えることによって、世代間の不公平さはないという考え方で、思考をストップさせていませんか。

皆さんは、何が本質だと思いますか？
どうすれば、平等で、公平だと思いますか？
どうすれば、世の中が良くなると思いますか？
そしてどうすれば、将来の不安を減らし、社会を永続させられると思いますか？

人間学を学ぶと、本質を大切にする視点を身につける事ができます。ぜひ皆さんも自分で考えてみてください。

自分の利益、自分が所属する世代や組織の利益ではなく、全体と未来を良くするための方法を、本質的な視点で考えることが重要ですね。

本質的な視点で議論が行われない限り、国は決して良くなりませんよ。国がよくならず、国民が良くなる道理はありません。

図４１ 全体を生かし固体を活かす(第6章-1)

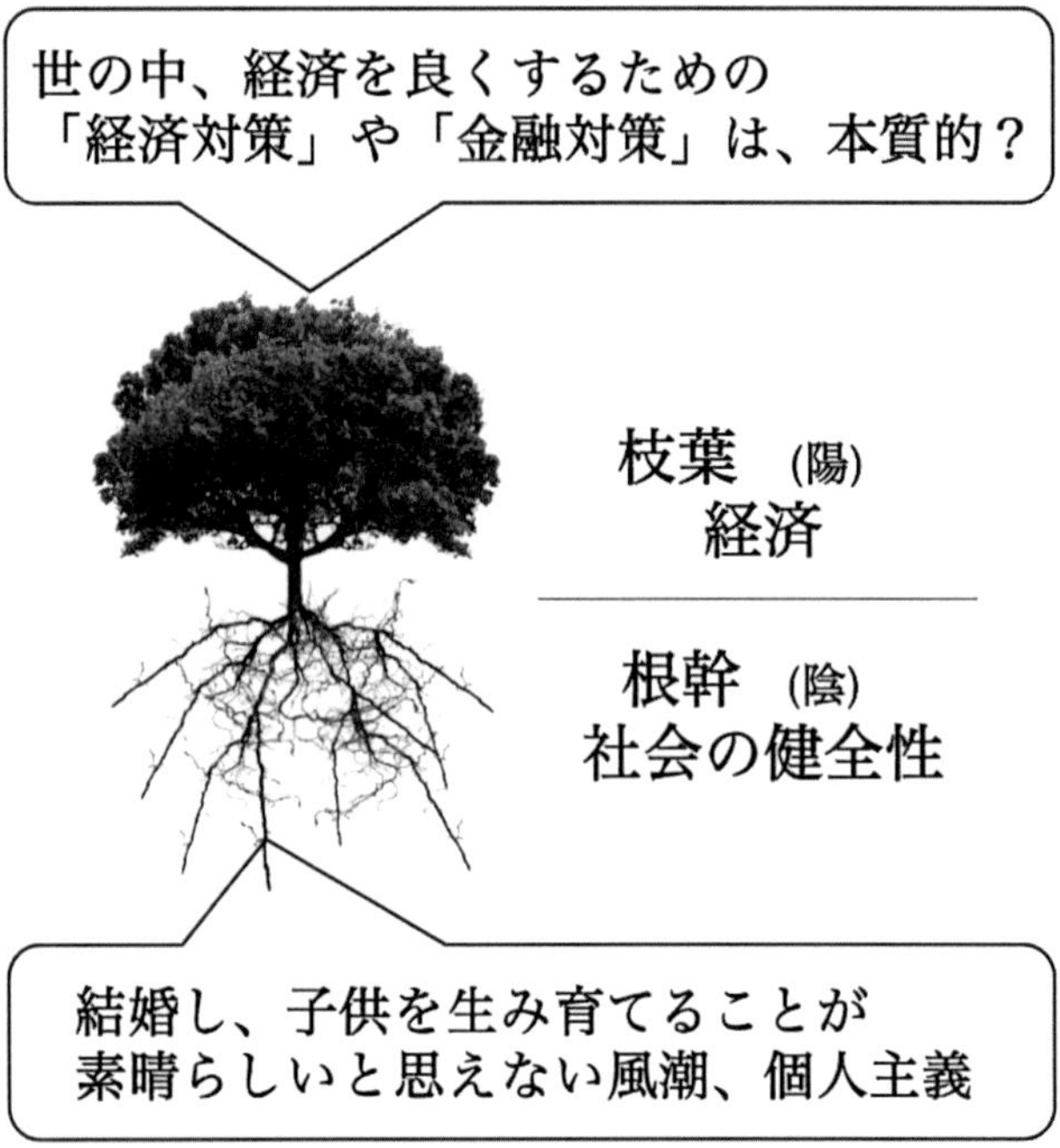
世の中、経済を良くするための
「経済対策」や「金融対策」は、本質的？
枝葉 (陽)
経済
根幹 (陰)
社会の健全性
結婚し、子供を生み育てることが
素晴らしいと思えない風潮、個人主義

土や根を養うように、本質を大切にすることが大切。
それはつまり、個人主義的な価値観や社会の風潮を正し、
国民が結婚し、子供を産み育てることに
希望が持てるようになれば、経済は後から自然と伸びていく

縦糸と倫理道徳

本質的な事を大切にするのは、何も法律や制度だけの話ではありません。本質的にするべきことは何なのか、もっともっと根本的なことまで掘り下げて考えていきましょう！

私たちは、何のために生きているのでしょうか。そして努力しているのでしょうか。

豊かさのため？ 成功のため？ 自由のため？ 人権などの権利のため？ 皆が欲するこれらのものは、人間社会で追い求める本質といえるでしょうか。

さまざまな考えの方がいると思いますが、人間学において、人間社会で何よりも大切にするべき本質は、縦糸を大切にするということです。ご先祖様から続く系譜を守るということです。日本においては皇室も含まれます。

なぜ縦糸が大切なのか、大切にするべきなのかを知るためには、人間と動物の違いを考えることが重要です。

人間は、社会的な動物です。一人では、生きていません。必ず共同体を作って、助け合わないと生きていけない動物です。その社会的な動物である人間にとって、ご先祖様や組織の先輩後輩といった縦糸の系譜は、コミュニティを維持するための本質であるといえます。

例えば、皆さんが卒業した学校を思い出してみてください。もし伝統を大切にする校風があれば、愛校精神があるのではないでしょうか。○○校魂といった言葉で連帯感を強調する学校もありますよね。愛校精神なんていらないと否定する場合、伝統を否定すると思います。

だから、ご先祖様を大切にしている家は、家族を誇りにします。郷土愛や愛国心、愛校精神、愛社精神などは、綿々と続く縦糸を大切にしているところから生まれる訳です。

この縦糸の系譜、縦の繋がりを切ってしまうと、人間は根無し草になってしまいます。ご先祖様を感じられるのは、人間だけが持った崇高な精神といえるのです。

現在、先祖代々のお墓を維持できなくなっている家が増えているようですが、もっとも由々しき状態といえますね。政治の乱れはこの一点から判断できますね。
人間社会が理想的に進化した姿は、縦糸を大切する社会といえます。「倫理」を大切にするといっても良いかもしれません。

だから、ご先祖様を大切にしない、皇室を大切にしないという風潮は、国などの共同体だけでなく、個人である自分をも破壊する危険な行為といえるのです。

日本人がどんな民族なのか。自分が何者なのかという根を切られてしまえば、両親の子であることにも、日本人であることに誇りも持てません。結婚し、子供を産み育て、しっかりと働いて社会に尽くすという日本人の美徳を持てなくなってしまいます。

美徳だけではありません。豊かさや経済にも影響が出てきます。家族を愛し、先祖を誇りにできない、国にも誇りを持てないという人間では経済を立て直すこともできません。家族の繋がり、同郷の繋がり、国の繋がりを失い、貧しく、幸福を感じられない世の中になってしまします。自分の国や民族を愛するように教育することは、世界中の多くの国で行われていることですが、日本だけは、教育者がそれを悪いことだと教えていない現状があります。

政治も経済も、追い求めるべき本質が何であるのかというと、人間が人間らしく生きられる社会であるといえると思います。人間が人間らしく生きられる社会とは、助け合う社会であり、それは縦糸の系譜を守る社会です。

これこそは、私たちが今一度考えないといけないことであり、国の危機を救う本質があると思うのです。

2　現代人の未熟さを自覚する

機械化した人間

少しだけ話題を変えてみましょうか。今という時代を考えてみたいと思います。

皆さんは、今という時代をどのような時代だと思いますか？

権力や権威の効果が弱くなり、組織の論理よりも個性を重視する社会になり、女性が活躍しやすい時代になりましたね。こういう視点から、陰の時代という人がいますね。

「陰陽」には、様々な視点がありますので、どのような見方や捉え方であっても間違っているわけではないのですが、人間の性質の視点で見てみると、「陽」が極まりつつある時代といえるのではないかと思います。

大正時代に初版が書かれた安岡正篤先生の『日本精神の研究―人格を高めて生き

る』（致知出版社）では、大正時代の段階ですでに、人間の末梢化や機械化を問題視することが書かれています。末梢化というのは、枝葉が分かれながら伸びていくことです。この場合の末梢化・機械化とは、人間が本質である人格主義から離れ、お金を稼ぐための能力に偏重していることです。

「陽」の特徴は、「分化」、細かく分裂し伸びていくと述べました。その傾向が、すでに大正時代に出ていたということなのです。

「日本精神の研究」では、明治の中頃までの日本には、人間学を学んだ人物が各界の要職についていたのですが、大正—昭和になると、職業軍人に代表されるように、専門知識の優秀さで要職につく人が増えたといっています。これら末梢化が進んだ人間が増えていくと、全体としての統一や調和を無視して、どんどん暴走して後戻りできなくなる危険性が高まっていくのです。

令和五年の現代は、大正時代からちょうど百年が経っていて、人間の末梢化も一周どころか、二周も三周もしているような状況だといえると思います。

能力主義や個人主義が、メディアを通してどんどん推し進められています。

たまたま結婚をしない男女が増えてきているのではなく、子どもの時から触れるアニメや映画の世界の中に、男性らしさや女性らしさ、古き良き家庭の姿を発見できなったことが原因だと思うのです。芸能人達は、多様性をアピールし、男性らしさや女性らしさを批判しています。古き良き家庭の姿は、過去の遺物になってしまいました。

その結果、縦糸を切られた孤独な人間が、各世代の中で増えているのが、現代の問題といえるのではないかと思います。令和三年度では、自死した人の数が、二万人を超えており、戦争や疫病よりもはるかに多くなっています。

人間学においては、経済は、経済政策で良くなるのではなく、土壌である社会の健全性によって発展成長すると述べました。社会の健全性は、親兄弟が仲良く、男女が結婚し子供を産み、仲睦まじい家庭を築き、皆が公に尽くして働き、地域社会が平和で豊かであることです。

この社会の健全性が、どこから生まれてくるのかを理解することが大事です。それは、前の世代の生き方によって決まります。国民のモラルです。

ですから今の時代に生きる私たちは、次世代のために生き方を整える必要があります。それが、未来の社会の健全性になるからです。

経済力や富は、社会の健全性から生み出されるものですが、戦後の日本人は、先代の築いた社会の健全性を損なう形で、富や経済力を追い求める生き方をしてしまいました。


若い人達は、今、私が述べたような健全な社会を見たことも体験したこともなくなりつつあります。


そしてこのようなことを言っている私も、今の時代の人間ですから、同じように末梢化し、機械化した人間の一人です。個人主義の中で、生まれ育って染まってしまっています。

生まれた時から、温度が上がり続けるお湯の中にいるカエルのようなものです。それが異常だと気がついた時には、すでに茹でカエルになっています。このまま人間の末梢化が限界まで進んだときに、どんな未来になっているのでしょうか。

生命力や繁殖力がなくなれば、変化に適応できなくなって滅びるのが、自然の摂理です。今後は、より未婚率が高まり、少子化が進むかもしれません。これは先進国全体の問題になると思います。

人間が機械化し、末梢化していく中で、民族が生命力や繁殖力を失っていく問題をどうやって解消するべきなのかを考えてみると、野生に帰る、若々しく、粗野だけどエネルギーがある状態を、取り戻すことだと思うのです。

誰もが自分の老後に、痛みを伴う改革などしたくない。経済が回っているうちに利益を得ておきたい。今の社会を延命させたい。リスクを避けたい。そうやって時間が過ぎて、どんどん問題が先延ばしされて、後の時代の人間の苦労が大きくなっていきます。皆さんは、これで良いと思いますか？

民族の精神を若返らせて、国民の心に火をつけるリーダーを輩出できるかどうかです。青春が痛みそのものであるように、全員に損を強いるような改革の方針を打ち出すことが、打開するためのキーとなると思うのです。

私は、自分達が機械化しているという自覚を持つべきだと思っています。問題を先延ばしして、未来そのものである若者たちを犠牲にして、それを放置しても、何とも思わないのが現代人です。まさに機械化した人間が、社会に蔓延しているると思うのです。

損を受ける覚悟、損を強いる覚悟

西洋の革命は、新しいものが古いものを武力で打ち滅ぼして実現しますが、日本の場合は、維新といって、そうでありません。

維新とは、「これ新た」と読み、行き詰まった状況…旧態依然を打破して、若々しさを取り戻すことです。樹木に例えるならば、伸び切った枝を剪定し、土壌を養い、大地に根をはるようにすることです。何度も強調しているからわかりますよね。

日本には、天皇陛下がおられますから、武力を使って、古い政権を滅ぼすのではなく、機能しなくなった古い制度を新しく変えることで、全体を活かすようにするのが、明治維新のやり方でした。

明治維新の時は、痛みを被ったのは武士です。武士は、既得権益と刀を失いました。その結果、国民による軍隊を作ることができ、明治以降の日本の発展があったといえます。

維新を成し遂げるということは、誰もが閃かないアイディアを実行するということではなく、実行できないことを実行することです。それは廃藩置県や廃刀令のように、誰かの既得権を奪うような行為です。

私は、次世代のリーダーに期待したいことは、損を請け負うこと、もしくは誰かに損をさせることを実行できるのかということです。

儲けさせてくれるリーダーは簡単です。才、知識やスキルがあればなれます。しかし、これからは全員が儲けるどころではなくなるかもしれません。正しい事を実行するために、皆に損を強いるようなことを実行しなければなりません。

そういう痛みの伴う改革を任せられるのは、人間力のある人物だけです。

だから、人間学のような人間力を高める教育が必要なのです。人物を育てなければいけないのです。

今後、十年後なのか、二十年後なのか、五年後なのかわかりませんが、損を受け持てる覚悟を持ったリーダーが必要になってくるはずです。

さて皆さんは、どう思いますか？

そうはいっても…という感情もあるかもしれません。しっかりと学び、時代を見つめてくださいね。今後、ここで私が話したような世の中になっていったら、是非、勇気を持って損を受ける側の人間になってくださいね。

真の大人になる

江戸時代の日本では、十五歳になったら元服をし、大人として扱われたようです。なぜ、昔の人は、大人となる年齢や儀式を定めたのか…

ところで皆さんは、大人と子供の違いを何だと思いますか？

私は、まずはじめの条件として、保護する側と保護される側の違いがあると思います。保護されている間は、個人の権利が大切だといっても、ある程度、親の監督下に置かれるのも当然だと言えますよね。ただし、親の方も子供を自分の私物扱い、いつまでも保護して成長する機会を奪うのも間違っていますね。一人の大人、人格として扱うことが大切です。

もう一つは、無自覚と自覚の違いがあると思います。子供の時は、あらゆることに、無自覚であっても良いですが、大人が、無自覚では困ります。自覚的に生きるとは、つまり、人間学の基本、人生をいかに生きるのかをしっかりと考えて、自分なりの答えを持っているということです。

三つ目の条件は、勇気があることです。勇気は行動を生みだします。嫌なことから目を背けず、正しさから逃げません。東洋思想では、本末順序を整える方向性の中に、本質があります。ですから、何が本質であるかを熟慮して掴んでいないと容易に見いだせません。この本質を、勇気を持って実行することです。

大人とは何か…弱いもの、未熟なものを保護し育てる責任を持ち、人生をどう生きるかについて自覚的であり、そして一見するだけではわからない正しいことを見極めて、勇気を持って行動するのが大人といえます

現代人は、人間の末梢化や機械化、部分化が進んだ存在だと述べました。個人主義が進み、個人の利益や権利が大切な世の中になり、損を受けることができなくなってきました。

つまりそれは、昔と比べると、現代人は大人であっても大人ではないということです。

国家の制度や福利厚生によって保護されるのが当たり前だとし、受験や就職などを卒なくこなせば、成功し幸せになれると思っています。

自分の人生について真剣に考える必要もなく、正しさよりも自分の利得ばかりを考えて、公に尽くし、損を受けるということをしなくなりました。

こういう状況をみると、日本人全員が、真の大人ではなくなったのではないかといえると思うのです。

皆さんは、こういう考えを聞いたときに、何を偉そうにと腹が立ちますか?

それとも反対に、なるほど、そういう考えもあるかもしれないと受け止められますか。

真の大人であれば、あなたは大人でないと言われても、それを受け止めることができる、これもまた一種の矛盾ですね。

まず私達は、国を挙げて大人になる事を目指すことが、最も重要だと思います。

そのためには、私達は、昔と比べて大人になりきれていない、人間学など精神修養が足りていないという自覚から始めないといけません。

もし私たちが、真の大人であれば、若者のために政治や経済を行なうことができるはずです。政治家やメディアが、今の時代の利益だけを守る政策を正義といって、問題を未来に先送りしている間は、社会は未成熟な子供の段階といえますね。

一人ひとりの国民が、人物となって、政治家やメディアを監視できるだけ力を持つようになれば、大人の見識のある国になったと誇れるかもしれません。

皆さんはどう思いますか？

図４２ 真の大人になる(第6章-2)

社会が末梢化し、
本質や人格を軽んじる風潮

「機械化人間」の自覚

「損を受ける覚悟、損を強いる覚悟」を問う

子供や若者のために犠牲になれるか
「真の大人」を問う

・保護をする者か
・自覚がある者か
・勇気がある者か

若者の未来を犠牲にしながら、
自分たちの既得権益を守り、
変化を拒む現代人は、
大人と言えるだろうか？

3　若者の目覚め

人間の本然に根ざした社会

陰陽相対原理を使うと、いろいろなことが見えてきますね。
現代の社会の価値観や仕組みが、本質的なことを大切にしていないことが分かってきませんか？世の中が行き詰まっている理由も。ただ何となく行き詰まっているのではなく、理由があって行き詰まっているということがわかってきたと思います。

ということは、その理由、問題をしっかりと解決する事ができれば、世の中が良くなっていくのは道理だと思います。私は、ここに希望があると思うのですが、皆さんはどう思いますか？

何が本質であるかを見極めて、しっかりと優先順位を正していくことができれば、社会に活力や成長を取り戻せると思うのです。

末梢化が進むということを例えるならば、制度の高齢化が進んでいるということに他なりません。そのためには伸び切った枝を剪定し、土や根を養うといった「本」

に返って、若々しさを取り戻していくことこそ、本質的な解決策です。
いつの時代も大切なことは、若者達が、元気で理想に燃えることです。
若い時は、物質的なものよりも精神的なものを追求する事が大事です。
そして情熱や勇気をもって旧い制度を改めるのです。

いつの時代も世の中を変えるのは若者の力です。

今頃の若いものは…といって、揶揄するのではなく、若者に目覚めて貰わなければ、国は救われないし、世の中は明るくなりません。

ではどうやって世の中を改めるのかといいますと、ここで繰り返している「本末順序を整えること」、つまり、社会制度を人間の本然に根ざすことです。

人間の本然とは、本来の姿のことです。人間らしさの本質は、縦糸の系譜を大切にすることだとお伝えしました。

結婚し子供を産み育て、ご先祖を大切にし、公共心をもって弱い者を助け、地域社会に貢献するといった社会の健全性を養う事を第一とし、経済や豊かさは、副次的に自然と生み出されるように順番を改めるのです。

法律や制度を細く制定するという話ではなくて、大切なことだけしっかりと抑えていれば良いのです。余計なことはしない、辞めるということです。

もし、人間の本然に根ざした社会制度であれば、縛られていた人が解放されるような変化が起きてきます。一人一人が情熱を持てるようになり、社会が活性化されます。特別な事をせずとも子供の出生も増え、経済成長もするでしょう。

社会の制度の中に、自然の摂理や人間らしさを損なわないようにするような見識が大切ですね。

我が国には古来より、人間の本然に根ざした社会や生き方を時代時代で作ってきている訳ですから、お手本やテキストは沢山あります。それらをしっかりと学ぶ、若者には沢山のチャンスがあります。

私は三十の頃、十五年くらい前になりますが、人間学の中に、原理原則を見出しました。人間学から学べる原理原則は、社会が停滞し、どん詰まりの時こそ、役に立ちます。最高の知恵を授けてくれるはずです。

もし若者達が、本気で学び始めたら、日本は十年もかからずに復活できると思うのです。

経営の神様といわれた松下幸之助さんの教えの中に、羊飼いの教えがあります。羊飼いであれば、羊の性質をよく理解していて、羊を繁殖させることができますよね。

同じように政治家は、羊飼いが羊の性質を理解して羊を繁殖させることができるように、人間の性質を理解し、それにあった政治を行い、人口を増やすことができなければいけないというのです。

優秀な羊飼いが、羊の性質を理解するように、人間のリーダーは人間の性質を理解しないといけない。一昔前の政治家は『論語』などの中国古典を学んでいると聞きますが、つまり人間の性質を学んでいるということです。

だから現代の私たちも『論語』などの中国古典等を改めてしっかりと学ぶことが大切です。高等教育で学ぶ政治学は、長くても二百年の歴史しかありませんが、中国古典は、二千五百年もの間、為政者に学ばれてきた実績があります。

人間の性質や原理原則をしっかりと研究するのです。

繰り返しますが、昔から伝わる古典には、その答えがたくさんあります。それらを研究すれば、必ず硬直化した制度を改めて、民心を新たにする方法を見つけることができるはずです。

これを、温故知新といいます。

「故《ふる》きを温《たず》ねて新しきを知る。もって師たるべし」です。

つまり、「中国古典などの古い学びを、今や未来に活かせる人は、リーダーとなる資格がある」という意味です。古い学びは、地味で、効果も感じられにくく、お金にならなさそうな印象があるかもしれません。

しかしこれからの世の中を良くするのは、人間の性質や原理原則です。是非学んで欲しいと思います。

図４３ 人間の本然に根ざした社会(第6章-3)

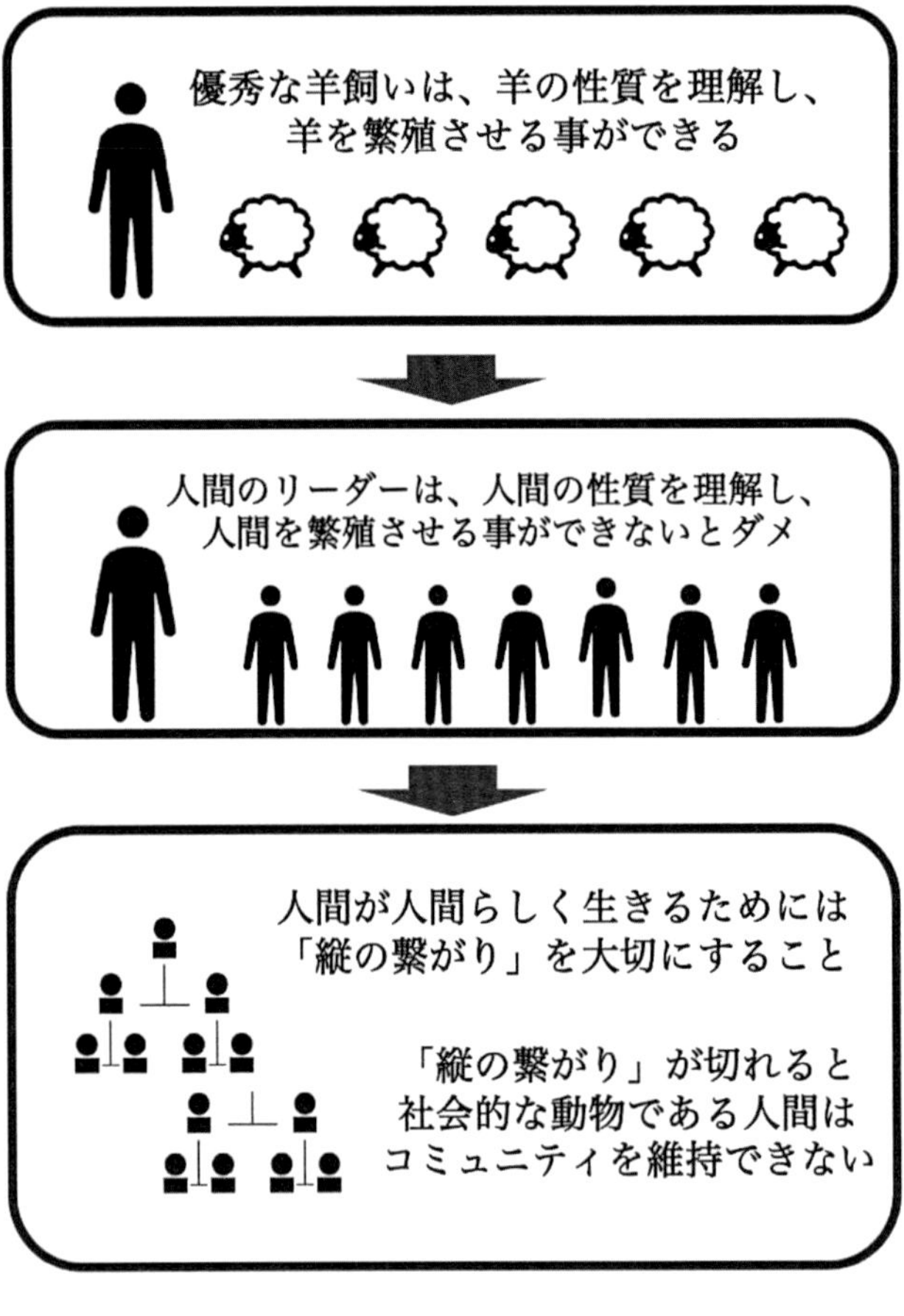

優秀な羊飼いは、羊の性質を理解し、
羊を繁殖させる事ができる
人間のリーダーは、人間の性質を理解し、
人間を繁殖させる事ができないとダメ
人間が人間らしく生きるためには
「縦の繋がり」を大切にすること
「縦の繋がり」が切れると
社会的な動物である人間は
コミュニティを維持できない

真面目であれば幸せになる

現代の行き詰まりを打破するためのヒントは、人間の本然の姿、つまり人間の性質を理解し、自然の姿に根ざした政治をすることだとお伝えしました。そのためには、中国古典などから、人間の性質を研究することが大切ですね。

アンケートなどで若い人が子供を作らない理由をみると、お金がないから、将来が不安だからという理由が挙げられますが、これらは現代の価値観の前提に立っていて、本質的な理由を明らかにしていないように思います。

もし人間が、自然から与えられた性質を活かすような政治を行えば、お金がないから子供を作らないにはならないと思います。

お金がないから結婚しない、子供を産まない、結婚はコストパフォーマンスが悪い、年金は期待できないから、一生働かないといけない、ずっと学び続けて知識やスキルを身につけないといけない、結婚も、仕事も、老後も自己責任です…というのが現代の世の中です。

しかし、人間の本然に根ざした社会であれば、人間はもっと楽に生きていけるはずで、それが本当の姿ではないかと思うのです。

昭和の中頃までは、結婚相手を紹介してくれる人が、親戚や会社などにいて、ほとんどの人が、当たり前のように結婚できていたし、仕事も家業を継ぐという選択肢がありました。その時代の人は、今の人よりも魅力的だから結婚できたのかというとそういうわけではありません。

親に決められた相手と結婚したくない、親の仕事を継ぎたくないという人もいると思いますが、今や結婚も就職も子育ても自己責任になりすぎて、結婚と就職をするための努力のコストが高くなりすぎて、合わなくなってきています。結婚しない、働かない、子供を作らない方が得というわけですね。

その背景を考えてみますと、現代の日本は、個人主義や多様性を重んじて、家制度など従来からあった制度を破壊してしまったことに原因があると思うのです。

今の若い人はわからないかもしれませんが、「家制度」があった時代は、自己努力や自己責任を、今ほど求められていなかったと思います。親の家業を継いでいた時代は、あくせく働いて、スキルアップをしなくても、思いやりがあって真面目であれば生きていけました。

また家の繋がりを重んじて、家族で助け合っていた時代は、そこまで国の制度に頼るということもありませんでした。今の時代は、すべての国民が、国の制度にぶら下がっている状態といえます。私たちは、国の制度がないと生きていけないですし、国の制度のために働き続けなければなりません。税金を払い続けなければなりません。

そして現代は、個人単位で考える時代ですから、貯蓄ではなく、消費が推奨される世の中でもあります。従来の日本の価値観は、二宮尊徳や上杉鷹山が教えてくれるように、貯蓄をすることで成功する道を教えてくれました。それは真面目であれば幸せになれるという社会です。

それが今や真面目なだけでは幸せになれません。仕事も結婚も、子育ても、老後も、ずっと努力をし続けないといけません。すべて自己責任です。

昔が良いのか、今が良いのかを判断することは難しいですが、家制度など古い制度が機能していて、皆が就職や結婚ができる社会であれば、社会に秩序があって、社会の制度も安定するでしょうが、息苦しさがあることも否定できません。

個人の権利や女性の社会進出、多様性のある社会などの考え方とぶつかってしまうからです。個人主義を尊び、自由や人権を求める人から見ると、家制度は、自由や人権を阻害すると考えるのも理解できなくはありません。

しかし私たちが、考えなければならないことは、今、追い求めている経済力や富の創造も、結局は、社会の健全性によって生み出されるものだということです。そして、社会の健全性は、前の世代の人たちの生き方によって決まるということです。

次世代の若者は、社会の健全性が、損なわれた社会で生きていかなければなりません。働くことも、利益や富を作り出すことも、結婚し夫婦生活を維持することも、子供を産み育てることも、すべて今の世代よりも、遥かに大変で割に合わなくなるということです。

そのような中で、自由や権利、個人主義を推し進め、社会の健全性をより損なわせる方向に若者たちを導くことは正しいのかどうか、大人の責任として、しっかりと考えないといけないと思います。

現代に生まれ育った私が、現代の価値観に染まらずに、皆さんにこのようなお話しをすることができる理由は、人よりも古典や歴史から学んでいるからです。

縦糸を大切にする社会、人間らしさを大切にする価値観を持ちながら、その時代に応じた新しい価値観を付け加えていくのが正解ですね。

新しい価値観を正義とするあまり、過去から続く価値観を否定して捨ててしまうのは知恵のある者のやることではありません。

若い人にお伝えしたいのは、今のミドル世代や高齢者は、若い時からずっと新しいことばかりを学び、追いかけてきた世代です。共産主義も資本主義も民主主義も自由主義も、形を変えてこそあれ、全部、「陽」の性質です。

私は、特に若い人に、古典や歴史を研究して欲しいと思っています。特に「陰」の原理を学べる東洋の思想を研究して欲しいです。

そうすれば、現代の価値観の中で育っても、人間にとって何が本質なのか、理想的な社会は何なのかを発見できるはずです。東洋の古典は、人間の本然に帰一するものです。

現代の政治家、経済人の考える問題解決は、常に「陽」的です。この状態が続く限り、世の中は変わりません。

今、私が皆さんにお話しする「人間にとって何が本質なのか、そこに立ち返ろうということが、先に紹介した「名を正す」です。新しいことをやるのではなく、沢山やりすぎていることを止めていくような知恵こそ大事です。

それこそが、「陰」を養うことです。土壌や根っこを休めるような方法です。収穫が少なくなったら、より新しくて強力な肥料を与えようという話ではないのです。

「陰」を養うことが十年であれば、十年の発展があり、二十年であれば、二十年、五十年であれば、五十年、百年であれば、百年の生成発展を作ることができます。

真面目であれば幸せに生きられる社会は、地味で魅力的に映らないかもしれませんが、今こそ立ち返るべき理想ではないかと思います。

人間も社会も促成栽培にならないようにするのが大切ですね。すぐに形にしたい、成果を出したいと思ってしまうのが、今の世の中の風潮ですが、本質とは何かを考え、心を養うような「陰の学び」、つまり人間学の実践者を増やすことが、結局は国を救う近道になると思うのです。

人生をいかに生きるのか

さて皆さん、この人間学教室も最後になりました。

この講座を通して、皆さんにお伝えしたかったことは、自分の人生で本気に生きるということです。

私は、いったい何のために生まれたのかという問いかけを発し続ける人間を一人でも増やす事ができれば、私の使命が果たされたことになります。

そしてもう一つは、人間学の知恵を紹介して、世の中を良くするために考えて行動する人を増やすことに貢献することでした。

日本が復活するためには、若者の目覚めが必要です。目覚めて欲しい、目覚めるヒントにして欲しいというのが、この「人間学教室」が存在する理由です。

目覚めるということはどういうことかというと、自分の人生や運命は、自分の努力で変えられる、創造できるという信念を持つように、心構えを転換することです。今の時代や現実に押し潰されず流されないで、主体的に考え行動するということです。

幕末の志士の吉田松陰先生のお手紙の中で、黒船が来航した時の世の中の様子を見て、平和ボケした人が多すぎて、今のままでは国を守れないという危機感を訴えるものがあります。その当時、政治をしていたリーダー達は、時勢に暗く、まったくもって頼り甲斐がなかったわけです。

その後の歴史は、無名だった若者等が立ち上がって維新を成し遂げます。平和な時代であれば出世できそうもない下級武士達です。彼らは一人一人が、信念を持って、理想の日本の姿を心に描いていました。

機が熟したら、そういう若者が、にょきにょき芽を伸ばすように現れて立ち上がるのが歴史の必定です。

そんな志溢れる若者が出てきた時に、どこに道があるのか、問題の本質があるのかを共に考えて行動を起こすような人物になりたいというのが、私の夢であり、志です。

一人の人生も、国家の未来もたった一人の人物の輩出によって運命が決まるものです。そしてどんな人であっても、今この瞬間から人物になろうと志すことがはじまりです。

この人間学教室がきっかけになって、世の中を正しく導いていこうと志す人物が輩出されることを切に願っています。

この教室に参加してくれて、ありがとう。

あとがき…

本書は、私の二十年間の人間学の学びを一冊の本に纏めたものになります。私という一人の凡夫の試行錯誤の物語です。自分を愛せるようになった、自分発見の物語でもあります。

本書を執筆したことで、私は浅草寿仙院　崎津寛光住職とご縁を頂き、寺子屋「人間学」講座をはじめることができました。

本講座は、本書を教科書とする講座としてスタートしましたが、それだけに止まらず、さまざまな考え方を持つ参加者が集まって、陰陽相対原理など「東洋哲学」の知識を使いながら、世事を議論する学び場に進化していきました。本書の第六章は、寿仙院で開催する寺子屋「人間学」講座で議論し学び合った内容を、編集したものになります。

本書の出版は、浅草寿仙院で開催する寺子屋「人間学」講座の存在抜きでは実現できませんでした。寿仙院　崎津寛光住職、及び講座に参加頂いた多くの学友のお蔭です。深く感謝申し上げます。

本書は、一般的に難しくとっつきにくいとされる人間学（東洋哲学）を、少しでもわかりやすい言葉を使い、評論や解説にならないように、できるだけ赤裸々な姿を描くことを目標に執筆しました。
知識のための学びではなく、実践に立ち向かうための本として、本当の意味で人間学を学ぶ人にとって、価値のわかる人にわかる本として、参考になる書物になれば幸いです。

本書は、万代宝書房釣部人裕氏の協力と応援によって実現できました。無名の人間の執筆した哲学書の出版が難しいとされる中、チャンスを頂けたことは感謝以外の言葉がありません。

さて最後は、最愛の息子に向けて。本書は息子が生まれるちょうど一年前に書いたものです。この本は君の命と繋がっているものです。時空を超えて、少しだけ大きくなった君の手に届いて、四十代の父の生き様を知ってくれたら、これ以上の喜びはありません。（もしかしたら孫の手にも届くかもしれませんが…）
本書を読んでくださった皆様へ、感謝を込めて。

令和五年二月八日

横山　成人

参考図書一覧

人物の条件—安岡正篤先生から学んだこと　下村澄著　大和出版
現代の帝王学　伊藤肇著　プレジデント社
仮名論語　伊與田覺著　論語普及会
己を修め人を治める道　伊與田覺著　致知出版社
ビジネス訳 論語　安岡活学塾人　ＰＨＰ研究所
孫子　浅野裕一著　講談社
新装版 禅と陽明学・上／下（安岡正篤人間学講話）　安岡正篤著　プレジデント社
いかに生くべきか　安岡正篤著　致知出版
知命と立命—人間学講話　安岡正篤著　プレジデント社
新装版 人生の大則　安岡正篤著　プレジデント社
東洋思想十講　人物を修める　安岡正篤著　致知出版
安岡正篤ノート　北尾吉孝著　致知出版社
実践版 安岡正篤（一流の仕事人になる為に身につけるべきこと）　北尾吉孝著　致知出版社
ビジネスに活かす「論語」　北尾吉孝著　致知出版社
修身のすすめ　北尾吉孝著　致知出版社
何のために働くのか　北尾吉孝著　致知出版社
成功の法則 松下幸之助はなぜ成功したのか　江口克彦著　ＰＨＰ出版
万人幸福の栞　丸山俊雄著　倫理研究所

七つの原理　丸山敏秋著　倫理研究所
人間の格　芳村思風著　致知出版社
人間観の覚醒　芳村思風著　致知出版社
人間の境涯　芳村思風著　致知出版社
いのち輝かせて生きる―日本思想を人生に活かせ　市川覚峯著　致知出版社
リーダーの指針「東洋思考」　田口佳史著　かんき出版
素直な心になるために　松下幸之助書　ＰＨＰ出版
道をひらく　松下幸之助書　ＰＨＰ出版
指導者の条件　松下幸之助書　ＰＨＰ出版
人間を考える　新しい人間観の提唱・真の人間道を求めて　松下幸之助書　ＰＨＰ出版
学習する組織――システム思考で未来を創造する　ピーター　Ｍ　センゲ著
今こそ、東洋の知恵に学ぶ　鴇田正春著　メトロポリタンプレス
字源　簡野道明著　角川書店

【横山成人（よこやま なるど）プロフィール】

昭和52年、北海道稚内市生れ。
日本大学理工部卒業。孫子兵法研究家、「人間学」を学ぶビジネスコンサルタント。
二十代の頃より孫子の兵法や論語などの中国古典、安岡正篤など東洋哲学を学び始める。
本書「人間学教室」の出版を機に、各種講座や勉強会を主催するなど精力的に活動中。浅草の寿仙院で寺子屋「人間学」講座、寺子屋「孫子の兵法」講座等、各種勉強会や講座を主催。

人物教育読本 **人間学教室** 人物になるための原則と手順

2023年3月21日 第2刷発行

著　者　横山 成人
編　集　水野 健二
発行者　釣部 人裕
発行所　万代宝書房
〒176-0002 東京都練馬区桜台1-6-9-102
電話 080-3916-9383　FAX 03-6883-0791
ホームページ：http://bandaiho.com/
メール：info@bandaiho.com

印刷・製本　日藤印刷株式会社

落丁本・乱丁本は小社でお取替え致します。

ISBN 978-4-910064-72 -7 C0036

装丁　小林 由香